企业财务管理与成本控制

魏贤富　朱永勇 ◎ 著

吉林出版集团股份有限公司

图书在版编目（CIP）数据

企业财务管理与成本控制 / 魏贤富，朱永勇著. —

长春：吉林出版集团股份有限公司，2024.4

ISBN 978-7-5731-4847-6

Ⅰ．①企⋯ Ⅱ．①魏⋯ ②朱⋯ Ⅲ．①企业管理－财

务管理②企业管理－成本控制 Ⅳ．①F275

中国国家版本馆 CIP 数据核字（2024）第 081655 号

企业财务管理与成本控制

QIYE CAIWU GUANLI YU CHENGBEN KONGZHI

著　者	魏贤富　朱永勇
责任编辑	滕　林
封面设计	林　吉
开　本	787mm×1092mm　1/16
字　数	182 千
印　张	13
版　次	2024 年 4 月第 1 版
印　次	2024 年 4 月第 1 次印刷
出版发行	吉林出版集团股份有限公司
电　话	总编办：010-63109269
	发行部：010-63109269
印　刷	廊坊市广阳区九洲印刷厂

ISBN 978-7-5731-4847-6　　　　　　　　　　定价：78.00 元

前　言

随着全球经济一体化进程加快，企业之间的竞争日益激烈。企业为了生存和发展，必须加强自身的经营管理，而财务管理是企业管理的重要内容。财务管理的核心是企业资本资源的合理配置与有效使用。长期以来，企业财务管理，无论是其规则、内容还是形式，都发展得较慢。随着市场经济的发展、大数据时代的到来，以及金融管理时间和空间的变化，财务管理的功能在一定程度上得到了创新和发展。

成本是影响企业经济效益和可持续发展的重要因素。企业在不断改变的市场环境下，要不断提高自身的应对能力。面对日趋激烈的市场竞争，为了保证企业的稳定与可持续发展，必须重视企业自身的成本控制。成本控制是企业财务管理中的一个重要环节，将直接影响企业的财务管理。

本书从企业财务管理基本概述入手，介绍了企业财务管理的基本概念分类，接着深入探讨了企业财务管理的应用，并重点对企业财务成本控制概述、企业财务成本资金、收入与利润控制以及企业财务成本控制技术分析等内容进行了分析和总结。

在撰写过程中，笔者参阅和引用了国内外有关企业管理方面的相关著作和前沿科研成果，在此一并致谢。书中存在的不足之处，恳请广大读者批评指正。

魏贤富　朱永勇

2024 年 1 月

目　录

第一章 企业财务管理基本概述

第一节 企业财务管理基本概念

企业财务管理是企业组织财务活动、处理财务关系的一项经济管理工作。企业财务管理是公司管理的一个重要组成部分，是社会经济发展到一定阶段的产物。

一、企业财务活动

企业财务活动是以现金收支为主的企业资金收支活动的总称，具体表现为企业在资金的筹集、投资及利润分配活动中所引起的资金流入及流出。

（一）企业筹资引起的财务活动

企业从事经营活动，必须有资金。资金的取得是企业生存和发展的前提条件，也是资金运动和资本运作的起点。企业可以通过借款、发行股票等方式筹集资金，表现为企业资金的流入。企业偿还借款、支付利息、股利以及付出各种筹资费用等，则表现为企业资金的流出。这些因为资金筹集而产生的资金收支，便是由企业筹资引起的财务活动。

企业需要多少资金，资金从哪儿来，以什么方式取得，资金的成本是多少，风险是否可控等一系列问题需要财务人员去解决。财务人员面对这些问题时，一方面要保证筹集的资金能满足企业经营与投资的需要，另一方面还要使筹资风险在企业的可控范围之中，以免企业以后由于无法偿还债务而破产。

（二）企业投资引起的财务活动

企业筹集到资金以后，使用这些资金以获取更多的价值增值，相应产生的资金收支便是由企业投资引起的财务活动。

投资活动包括对内投资和对外投资。对内投资主要是使用资金以购买原材料、机器设备、人力、知识产权等资产，自行组织经济活动的方式获取经济收益。对外投资是以使用资金购买其他企业的股票、债券或与其他企业联营等方式获取经济收益。在对内投资中，公司用于添置设备、厂房、无形资产等非流动资产的投资由于回收期较长，又称为对内长期投资。对内长期投资通常形成企业的生产运营环境，形成企业经营的基础。企业必须利用这些生产运营环境，进行日常生产运营，组织生产产品或提供劳务，并最终将所生产的产品或劳务变现，方能收回投资。日常生产运营活动也是一种对内投资活动，这些投资活动主要形成了应收账款、存货等流动资产，资金回收期较短，故又被称为对内短期投资。

对外投资也叫国际投资，是投资者为获取预期的效益而将资本（社会主义为资金）或其他资产在国际进行投入或流动。广义的国际投资是指直接投资、证券投资、借贷投资以及部分援助。狭义的国际投资指直接投资和证券投资。国际投资是世界经济发展的结果，也是世界经济体系中的一个重要组成部分。国际投资按投资方式可分成国际直接投资和国际间接投资。国际投资包括两部分：一是向国外投资，对投资国特别是对发达国家来说，是剩余资本谋求出路，获取海外利润；二是向国际集资，即引进外资。对东道主国，特别是对发展中国家来说，是吸收并利用外资，解决国内资金短缺并引进先进技术和管理知识，是发展国内经济的重要手段之一。

企业有哪些方案可以备选投资，投资的风险是否可接受，有限的资金如何尽可能有效地投放到最大报酬的项目上，是财务人员在这类财务活动中要考虑的主要问题。财务人员面对这些问题时，一方面要注意将有限的资金尽可能有效地使用，以提高投资效益，另一方面要注意投资风险与投资收益之间的权衡。

（三）企业利润分配引起的财务活动

从资金的来源看，企业的资金分为权益资本和债务资本。企业利用这两类资金进行投资运营，实现价值增值。这个价值增值扣除债务资本的报酬即利息之后若还有盈余，即企业利润总额。我国相关法律法规规定，企业实现的利润应依法缴纳企业所得税，缴纳所得税后的利润为税后利润，又称为净利润。企业税后利润还要按照法律规定按以下顺序进行分配：一是弥补企业以前年度亏损。二是提取盈余公积。三是提取公益金，用于支付职工福利设施建设的支出。四是向企业所有者分配利润。这些活动即利润分配引起的财务活动。

利润分配活动中尤为重要的是向企业所有者分配利润。企业需要制定合理的利润分配政策，相关政策既要考虑所有者近期利益的要求，又要考虑企业的长远发展，应留下一定的利润用作扩大再生产。

上述财务活动的三个方面不是相互割裂、互不相关的，而是相互联系、相互依存的。因此，合理组织这些财务活动即构成了财务管理的基本内容，即筹资管理、投资管理及利润分配三个方面。由于投资活动中的对内短期投资主要用于企业的日常运营，是企业最频繁且相当重要的财务活动，因此也有学者将财务管理的基本内容分为筹资管理、投资管理、营运资本管理、利润及其分配四个方面。

二、财务管理的定义

企业生产经营过程中的资金不停地流转变化，即资金运动，就是企业财务活动。通俗地说，对企业财务活动进行的计划、组织、控制、协调与考核，就是财务管理。

财务是理财的事务。企业财务就是企业理财的事务。财务管理是指在一定的整体目标下，企业关于货币资金的筹措、投放、营运、分配等活动进行的综合性管理工作。

企业财务管理是基于企业生产经营过程中客观存在的财务活动和财务关系而产生的，它是企业组织财务活动、处理企业与各方面财务关系的一项管理工作，是企业管理的重要组成部分。

资金是资产的货币表现。企业资金则是企业在生产经营过程中归属于一定所有者的有价资产的货币表现。

从资金运用角度来看，虽然资金是企业资产的货币计量，但它的形式却是多样的，包括各种财产、债权和其他的权利，如企业的流动资产、长期投资、固定资产、无形资产、递延资产和其他资产。

企业的资金运动一般依次经过资金的筹集、资金的投放、资金的耗用、资金的回收、资金的分配等几个环节。

（1）资金的筹集。企业进行生产经营活动，首先必须筹集一定数量的资金，包括资金需求量的预测、资金筹集渠道和方式、筹资决策有关理论和方法等。筹资是资金运动的起点，也是财务管理资金运用的前提。

（2）资金的投放，即企业投资活动，由长期资产的投资和流动资产投资组成。包括投资项目与投资方式的选择、投资额的确定、投资的成果与投资风险的分析等。资金的运用是资金运动的中心环节，是资金利用效果的关键之所在，它不仅对筹资提出要求，而且决定了企业未来长时期的财务经济效益。

（3）资金的耗用，即成本和费用的消耗和补偿，包括产品成本和各种费用的预测和决策，对供应、生产、销售等再生产环节各种消耗的分析和控制。资金耗费要从未来的收入中收回，资金耗用额的多少是价值补偿的尺度。资金的耗费是资金运动的基础环节，耗费水平是利润水平高低的决定性因素。

（4）资金的回收，即销售收入的管理，涵盖企业资金投入生产经营与投资所带来货币收入的过程，包括价格的形成、收入额的确定、结算方式的选择与销售收入实现的过程。企业收入是资金运动的关键环节，它不仅关系着资金消耗的补偿，还关系着投资效益的实现。企业收入的取得是进行财务分配的前提。

（5）资金的分配，即对已实现的销售收入和其他货币收入分配的过程。其内容包括成本费用的补偿、企业纯收入分配、税后利润分配等。分配是资金一次运动的终点，同时是下一次运动的前提。资金分配是企业经济效益的体现，关系到各方面的经济利益，因而具有很强的现实性和政策性。

财务管理作为企业管理的一个重要组成部分，侧重于企业价值管理，是根据资金在企业中的运动规律，通过对企业筹资、投资、日常经营、收入分配等各种财务活动的管理，使企业的价值达到最大化。财务管理有自己的特点。第一，综合性强。财务管理工作的综合性要求在从事财务管理工作时必须全面考虑，借助于价值形式，把企业的一切物质条件、人力资源和经营过程都合理地加以规划和控制，从而达到企业效益不断提高、价值不断增大的目的。第二，涉及面广。财务管理具体体现在对企业的各种资金收支活动的组织上。在企业生产经营的各个方面，从供、产、销到人事、行政、技术等各个部门的业务活动，都与资金的收支活动密切相关，因而，财务管理工作必然要延伸到企业生产经营的各个环节。反过来，企业与资金运动相关的每项活动都要主动接受财务管理部门的指导，按规定办事。第三，企业财务管理的效果可以通过一系列财务指标来反映。根据这一特点，财务管理部门可及时地向相关管理部门或人员提供财务信息，以帮助其了解各项管理效果，以便改进管理，提高效率和效益。

三、财务管理的产生与发展

现代意义上的财务管理是从西方国家发展起来的。其产生和发展大致经历了以下几个阶段。

（一）产生阶段

早在15—16世纪，地中海沿岸商业城市就出现了邀请公众入股的城市商业组织,入股的股东包括商人、王公、大臣、市民等。商业股份经济的发展,要求做好筹资、股息分配和股本归还工作,但针对这些工作还未形成独立的财务管理部门进行管理,只是将其包含在企业管理之中。

19 世纪末 20 世纪初,西方股份公司迅速发展,资本主义经济也得到快速发展。这时,股份公司不断扩大生产经营规模,必须尽快地开辟新的筹资渠道,以满足生产经营不断发展的资金需求。同时,要处理好公司与投资者、债权人之间的责、权、利关系,于是,各股份公司便纷纷成立专门的管理部门,以适应加强财务管理的需要。因此,财务管理开始从企业管理中分离出来,专业化的财务管理就此产生。

（二）筹资阶段

19 世纪末至 20 世纪 30 年代为筹资财务管理阶段。这一阶段,资金市场还不成熟,缺乏可靠的财务信息,投资人畏首畏尾,不敢大胆地投资股票与债券。财务管理部门就是以筹集资金为主开展工作。为搞好资金的筹集,财务管理部门侧重围绕诸如股票与债券发行、回购和股利的发放等方面加强财务核算,从而维护投资者的利益,进一步扩大筹资范围。

（三）内部控制阶段

20 世纪 30 年代至 50 年代为内部控制财务管理阶段。20 世纪 30 年代,在资本主义经济危机中,企业销售额下降、资金短缺,大批企业相继破产。这使人们认识到,过分注意资金的筹措、相对忽略资金的使用效果将难以维持企业的生存和发展。在财务管理上,只把主要精力集中到筹资上是很不够的,当时的主要矛盾已转化为如何以低价优质的产品去占领市场,求得企业生存。产品价格降低必须以产品成本降低为基础,于是,财务管理开始侧重有计划地使用资金,控制生产经营成本与风险,提高资金使用效率,增强企业生存与获利能力。这样,企业纷纷把财务管理的重点从筹资转向了财务控制。

(四)投资管理阶段

20世纪50年代后期至80年代为投资财务管理阶段。第二次世界大战后,世界经济进入一个新的发展时期,资本市场迅速发展,通货膨胀加剧,跨国公司越来越普遍,企业之间的竞争由国内逐渐发展到国外,企业生产经营活动的盈利机会与风险并存。企业的生存与发展不仅取决于内部财务控制,更取决于投资机会的把握与投资项目的选择,因为投资失误带来的损失往往比企业内部财务控制不善带来的损失更具有毁灭性。于是,企业财务管理的重点由财务控制转向投资管理,而搞好投资管理的主要方式是正确地进行投资决策。

这一阶段确定了比较合理的投资决策程序,建立了科学的投资决策指标体系和科学的风险投资决策方法。

(五)电子信息财务管理阶段

20世纪80年代以后为电子信息财务管理阶段。自20世纪80年代以来,信息网络技术的飞速发展和新的商务模式的出现,拓展了电子信息对财务管理的技术支持范围。正在大量涌现的如电子货币系统、电子签章、数字凭证、电子账单支付等新技术的运用形式,对财务管理的方式产生了重大影响。

四、财务关系

企业作为法人在组织财务活动过程中必然与企业内外部有关各方发生广泛的经济利益关系，这就是企业的财务关系。企业的财务关系因经济利益和责任的多样性而较为复杂。

（一）企业与国家之间的财务关系

企业与国家之间的财务关系是强制性的经济利益关系，相关法规已十分明确，即企业必须向国家依法纳税的关系。

（二）企业与投资者之间的财务关系

企业的投资者要按照投资合同、协议、章程的约定履行出资义务，形成企业的投资资本金。企业利用这些资金进行投资，实现利润后，应按出资比例或合同、章程的规定进行利润分配。企业同其投资者之间的财务关系反映了经营权和所有权的关系。

投资者的所有权主要体现在能够对企业进行一定程度的控制或施加影响，参与企业的利润分配，享有剩余财产索取权，同时要承担一定的经济法律责任。

（三）企业与债权人之间的财务关系

企业除利用资本金进行经营活动之外，还要借入一定数量的资金，以便降低企业资本成本，扩大企业经营规模。企业利用债权人的资金，要按约定的利息率及时向债权人支付利息，债务到期时要按时向债权人归还本金。企业同其债权人的关系体现的是债务与债权关系。

（四）企业与债务人之间的财务关系

企业将资金借出后，有权要求其债务人按约定的条件支付利息和归还本金。企业同其债务人的关系体现的是债权与债务关系。

企业借出的资金能否安全及时地收回、是否能定期收取利息，关系到企业经济效益的实现和企业生产经营是否能顺利进行。

（五）企业与企业内部各单位的财务关系

企业与企业内部各单位的财务关系，是指企业内部各单位之间在生产经营各环节中相互提供产品或劳务所形成的经济关系。企业在实行内部经济核算制的条件下，供、产、销各职能部门以及各生产单位之间相互提供产品和劳务要进行计价结算，这种在企业内部形成的资金结算关系体现了企业内部各单位之间的经济利益关系。

企业经济责任制的建立，需要明确各部门之间的经济利益，否则就不能充分调动各部门的积极性，所以企业应处理好与内部各单位之间的财务关系。

（六）企业与职工之间的财务关系

企业与职工之间的财务关系，是指企业向职工支付劳动报酬过程中所形成的经济关系。企业要用自身的产品销售收入或其他可以支配的资金向职工支付工资、津贴、奖金等，按照职工提供的劳动数量和质量支付劳动报酬。这种企业与职工之间的财务关系体现了职工和企业在劳动成果上的分配关系。

企业的财务活动与财务关系是相互联系的，合理组织企业财务活动是对企业财务管理的基本要求，而正确处理各种财务关系则是合理组织企业财务活动的必要条件。如果各种财务关系处理不当，就难以保证企业财务活动顺利而有效地进行。

五、企业财务管理的目标

目标是系统运行所希望实现的结果，其具有导向、激励、凝聚和考核作用，正确的目标是系统良性循环的前提。企业财务管理目标（简称"财务目标"）对企业财务管理系统的运行也具有同样的意义，是评价企业理财活动是否合理的基本标准，是财务管理实践中进行财务决策的出发点和归宿。

财务目标具有层次性，其可以按一定标准划分为整体财务目标、分步财务目标及具体财务目标三类不同的层次。整体财务目标又称为总财务目标，是一段时期内公司全部财务管理活动应实现的根本目标。整体财务目标比较笼统，必须将其进行逐步、分层分解，制订更为细致、可操作性强的目标。将各层次目标分解至不可或无须再分解的程度的目标即具体目标，即各部门可立即付诸实现的目标。整体目标与具体目标之间的分层次目标则被称为分步目标。整体目标处于支配地位，决定着分步目标及具体目标；整体目标的实现又有赖于分步目标及具体目标的科学实施与整合。

受社会政治环境、经济环境的影响，财务目标具有阶段性的特点：在不同时期、不同财务环境下，财务目标是不一样的；即使是在同一时期，不同企业由于所面临的具体经营环境不同，财务目标也不尽相同。财务目标还具有稳定性的特点。若财务目标朝令夕改，则会令企业管理人员无所适从，也就没有目标可谈了。因此，财务目标应是阶段性与稳定性的统一，即一个企业一旦确立了某一个财务目标，这一财务目标在一段时间内将会保持稳定不变。

如上所述，不同时期、不同政治经济环境下有不同形式的财务管理整体目标。自中华人民共和国成立至今，随着我国经济的发展、环境的变革，我国企业先后出现了以下四种形式的财务管理整体目标。

（一）产值最大化目标

产值是指生产出的产品的价值。产值最大化目标是指企业以一段时期内生产的产品价值为考核目标。企业领导人职位的升迁，职工个人利益的多少，均由完成的产值计划指标的程度来决定。

产值最大化是中国、苏联以及东欧各个社会主义国家在计划经济体制下产生的。1949年10月中华人民共和国成立伊始，中国的经济极为困难，物质资料极其匮乏，当时最迫切的任务是尽可能多地生产出人们所需要的物品。在当时条件下，这一整体目标对尽快恢复生产、恢复经济、发展经济、满足人民基本生活需求具有非常重大的意义。但是，随着经济的发展，计划经济体制逐渐对经济发展产生了极大的束缚，总产值最大化也越来越暴露出其自身的缺点：只求数量，不求质量；只讲产值，不讲效益。一方面，之前由于物资缺乏，人们对产品的质量及个性化设计的要求并不高，企业的产品只要能生产出来，就能销售出去，从而造成了企业对产品质量及品种多样性的重视不足。另一方面，因为产值最大化并不考核成本，管理层只求能增加总产值，而不管产品能否适销对路，也不管是否能以高于产品成本的价值销售出去，只想获得真正的价值增值。随着技术、经济的不断发展，越来越多的产品出现了剩余，人们不再是"饥不择食"，而是开始注重产品的质量及个性化的特点。显然，若仍以产值最大化为整体目标已不再适合，否则将导致产品销售不出去，积压在仓库中，最后贬值甚至全部报废，"赔了夫人又折兵"。为克服产值最大化目标存在的缺陷，利润最大化目标被提了出来。

（二）利润最大化目标

利润最大化目标是指企业以一段时期内实现的会计利润为考核目标。企业领导人职位的升迁，职工个人利益的多少，均根据实现的会计利润的多少来决定。

利润是一定时期收入扣除成本后的余额，代表了这段时期企业新创造的价值增值，利润越多则企业的财富增加得越多。企业生产出来的产品只有被销售出去才能确认收入，并且要以高于成本的价格销售出去，才能获取正的利润。在市场竞争日益激烈的情况下，只有质量好、满足消费者个性化需求的产品才能畅销。因此，利润最大化目标可以克服上述讨论的产值最大化目标导致的缺陷。利润最大化目标早在19世纪初就被西方企业广泛运用。我国自1978年12月经济体制改革以后，市场经济模式逐渐确立，企业面向市场自主经营、自负盈亏，因此利润最大化目标替代了产值最大化目标被我国企业广为采用。利润最大化目标并非没有缺点，随着经济环境的不断变化，其缺点也逐渐显现。

（1）没有考虑资金的时间价值。会计利润是按照权责发生制原则进行核算的，会计利润中含有未达账项，因此通常会计利润与实际收到现金的利润是不相等的，则据此目标有可能会导致错误的决策。例如：A、B两个投资项目，投资成本均为 800 万元，收入均为 900 万元，其会计利润都是 100 万元；但在一定时间内 A 项目的所有收入均已收回，而 B 项目的收入尚有 500 万元未收回。若按利润最大化目标来评价这两个项目，应是两个方案都可行。可是此例中，显然 A 项目更好一些。

（2）没有有效考虑风险问题。利润最大化目标容易引导管理层在选择投资项目时尽可能选择利润高的项目。殊不知，高利润往往伴随着高风险，管理层决策时若不考虑风险而一味地追求高利润，就会将企业带上"不归路"。

（3）可能导致管理层采取短期行为。影响利润的因素主要有收入与成本两大类。若收入没有增加，成本降低也可增加利润。因此，有些企业在未能有效"开源"的情况下，会采取一些短期行为，如减少产品开发、人员培训、设备更新方面的支出来提高当期的利润以完成任务。更有甚者，有些管理层有可能人为调节利润，使企业表面利润增加，而企业实际财富并未增加，反而会因兑现虚假绩效而降低。这显然对企业的长期发展极为不利。

为了克服利润最大化目标存在的缺陷，股东财富最大化目标、企业价值最大化目标相继被提出。

（三）股东财富最大化目标

企业主要是由股东出资形成的，股东是企业的所有者。股东财富即企业的所有者拥有的企业资产的价值。在股份制公司中，股东的财富就由其所拥有股票的数量和每股股票的市场价格来决定。当股票数量一定时，股票价格达到最高，就能使股东财富价值达到最大化。因此，股东财富最大化最终体现为股票价格最大化。股东财富最大化目标是指企业以一段时期后的股票价格为考核目标。企业领导人职位的升迁，职工个人利益的多少，均根据股票价格的高低来决定。

股东财富最大化目标与利润最大化目标相比，有以下几个优点：

（1）在一定程度上考虑了资金的时间价值。这一优点可以从股票定价原理角度来分析。

威廉姆斯提出的现金股利贴现模型是公认的最基本的股票定价理论模型，其基本原理如下：

$$P_t = \sum_{t=1}^{+\infty} \frac{E\left(\dfrac{d_{t+1}}{\theta_t}\right)}{(1+r)} \qquad\qquad （1-1）$$

公式（1-1）中，P_t 为 t 时刻股东投资的股票价格；d_{t+1} 为 $t+1$ 期间每股现金股利；θ_t 是 t 时刻可能获得的信息，r 是预期未来现金股利的折现率，$E\left(\dfrac{d_{t+1}}{\theta_t}\right)$ 是公司在经营期内预期能得到的股息收入。该模型认为股票的内在

价值应等于该股票持有者在公司经营期内预期能得到的股息收入按一定折现率计算的现值。

从公式中可以看出，影响股票价格的因素包括现金股利、折现率、当时市场信息等。现金股利及折现率因素体现了股票价格的确定需考虑资金时间价值的影响。

（2）一定程度上考虑了风险因素。公式（1-1）中，股东可以从市场信息中判断企业经营中可能存在的风险，继而将风险体现在对股票的定价上。若企业经营风险较大，则股票价格就会下降；反之则股票价格就会上升。管理层若要股票价格最大化，则必须在风险与报酬间寻找一个平衡点。

（3）一定程度上能够克服管理者追求利润上的短期行为。因为股价是未来各期收益的综合体现，每期的现金股利是根据其所属期的利润来确定的，无论是现在的利润还是预期的利润，都会对企业的股票价格产生影响，则短期增加利润的行为对于实现股东财富最大化目标来说没有效果。

但是股东财富最大化也存在一些缺点，主要如下：

（1）忽视了除股东之外的其他利益相关者的利益。企业的利益相关者不仅仅是股东，还包括债权人、员工、政府、社会公众等。所有的利益相关者都有可能对企业财务管理产生影响。股东通过股东大会或董事会参与企业经营决策，而董事会可直接任免企业经理甚至财务经理；债权人要求企业保持良好的资金结构和适当的偿债能力，以及按合约规定的用途使用资金；员工是企业财富的创造者，提供人力资本必然要求合理的报酬；政府为企业提供了公共服务，也要通过税收分享收益。正是各利益相关者的共同参与，形成了企业利益制衡机制。如果试图通过损害一方利益而使另一方获利，就会导致矛盾冲突，出现诸如股东抛售股票、债权人拒绝贷款、员工怠工、政府罚款等不利现象，从而影响企业的可持续发展。股东财富最大化目标可能会诱导管理层仅考虑管理层自己及股东的利益，有时甚至还会损害除股东之外的其他利益相关者的利益。

（2）股东财富指标自身存在一定的缺陷。股东财富最大化是以股票价格为指标，而事实上影响股票价格的因素很多，并不都是企业管理层能够控制和影响的。把受不可控因素影响的股票价格作为企业财务管理目标显然不尽合理。也有些学者提出：对于非上市企业来说，股票价格较难确定，因此股东财富最大化仅对股票上市的企业适用。

（四）企业价值最大化目标

为了克服股东财富最大化目标存在的缺陷，企业价值最大化目标被提出。衡量企业价值通常用下列公式：

$$V = \sum_{t=1}^{n} \frac{CF_t}{(1+r)^t} \qquad （1\text{--}2）$$

公式（1–2）中，V 表示企业价值，CF_t 表示企业第 t 期的现金流量，t 表示各期现金流入的时间，n 表示产生现金流量的总的期数，r 表示对企业各期所得到的净现金流入量的贴现率。

对企业价值的评价不仅是评价企业已经获得的利润水平，更重要的是评价企业获得未来现金流入的能力和水平。因此，企业价值是能反映企业潜在或预期获利能力的企业全部资产的市场价值。企业的价值与预期的报酬成正比，但与风险成反比。此外，在寻求企业价值最大化过程中，必须考虑和兼顾相关利益者之间的利益，并使之达到平衡，否则将不利于公司财务关系的协调，进而影响企业价值最大化的实现。

企业价值最大化目标除具备股东财富最大化目标所具有的优点之外，还具有兼顾了股东以外的利益相关者的利益的优点；但在计量上，尤其是在非上市公司企业价值的计量上仍存在一定的缺陷。

企业在确立财务整体目标时必须注意目标唯一性，即上述目标均可作为企业的整体目标，但只能取其一，否则会因找不着方向而造成企业管理混乱。就我国国情来看，上述四种财务目标中，产值最大化目标已经过时，当前已没有任何企业再以此为整体财务目标了。利润最大化、股东财富最大化及企业价值最大化目标仍不同程度地被企业采用。利润最大化目标目前主要为非股份制企业及非上市股份制企业所采用，股东财富最大化目标目前主要为股份制企业尤其是股份制上市企业所采用；企业价值最大化目标由于其相对其他目标来说更为理想化，目前仅为少数有社会责任意识的股份制企业所采用。

第二节　财务管理基本分类

财务管理主要包括财务管理的基本理论和筹资、投资、运营、成本、收入与分配管理，其中涉及预算与计划、决策与控制、财务分析等环节。本节我们主要将财务管理分成三类进行探究，分别为筹资管理、流动资产投资管理、销售收入与利润管理。

一、筹资管理

（一）筹资管理概述

1.企业筹资的意义和原则

资金是企业持续从事经营活动的基本条件。筹集资金是企业理财的起点。企业的创建必须筹集资本金，进行企业的设立、登记，这样才能开展正常的经营活动；企业扩大生产经营规模，开发新产品，进行技术改造，也需筹集资金，用于追加投资。因而，资金融通即筹集资金是决定资金规模和生产经营发展速度的重要环节。筹集资金，直接制约着资金的投入和运用；资金运用，关系到资金的分配；资金的分配，又制约着资金的再筹集与投入。

所谓筹资，就是企业从自身的生产经营现状及资金运用情况出发，根据企业未来经营策略和发展需要，经过科学的预测和决策，通过一定的渠道，采用一定的方式，向企业的投资者及债权人筹集资金，组织资金的供应，保证企业生产经营客观需要的一项理财活动。

市场经济体制的建立，必然要求企业真正成为独立的经济实体，成为自主经营、自负盈亏的社会主义商品生产者和经营者。资金筹集是企业资金运动的起点。只有自主筹集资金，企业才能把握资金运用的自主权，真正实现自主经营、自我发展和自负盈亏，成为名副其实的具有充分活力与竞争力的市场主体。

企业在筹资过程中会面临许多问题，何时筹资，通过什么渠道筹资，采用什么方式进行筹资，以及筹资的数量、成本和资金的使用条件等，都是筹资工作必须做出正确决策的。为此，应遵循以下几个原则：

（1）合理性原则。企业筹资的目的在于确保企业生产经营所必需的资金。资金不足，会影响企业的生产经营；资金过剩，则可能导致资金使用效果降低。所以，筹集资金应掌握一个合理界限，即保证企业生产经营正常、高效运行的最低需用量。

（2）效益性原则。企业在选择资金来源、决定筹资方式时，必须综合考虑资金成本、筹资风险、投资效益等诸多方面的因素。

资金成本亦指企业为取得某种资金的使用权而付出的代价。它是资金使用者支付给资金所有者的报酬及有关的筹措费用，包括借款利息、债券利息、支付给股东的股利，以及股票发行费、债券注册费等。资金成本是对筹资效益的一种扣除。

总之，不同筹资渠道、筹资方式，其资金成本各不相同，取得资金的难易程度也不尽一致，企业所承担的风险也大小不一。为此，筹资者应根据不同的资金需要与筹资政策，考虑各种渠道的潜力、约束条件、风险程度，把资金来源和资金投向综合起来，全面考察、分析资金成本率和投资收益率，力求以最少的资金成本实现最大的投资收益。

（3）科学性原则。科学地确定企业资金来源的结构，寻求筹资方式的最优组合，这是企业筹资工作应遵循的又一个重要原则。

企业资金包括自有和借入两部分。自有资金包括企业资本金、资本公积、盈余公积和留存盈利；借入资金通常包括短期负债及长期负债。通常情况下，企业的生产经营不会以自有资金作为唯一的资金来源，通过举债来筹集部分资金，是现实经济生活中客观存在的正常现象，这就是通常所说的举债经营。在企业风险程度已知，其他情况不变的条件下，负债比例越大，企业可能获得的利益也越大，随之而来的财务风险也就越大。因此，在筹资时应正确分析企业筹资的用途，决定筹资的类型。企业增加恒久性流动资产或增添固定资产，则需筹措长期资金。长期资金是指供长期使用的资金，主要用于新产品开发和推广、生产规模的扩大、厂房和设备的更新，一般需要几年甚至几十年才能收回。长期资金是指为了企业将来长期经营能不断地获得收益的支出，也称为资本性支出。资本性支出与企业长期健康发展关系极大。企业未来的获利能力和经营成就在很大程度上取决于这类资金的筹措。短期资金是指供短期（一般为一年以内）使用的资金。短期资金主要用于现金、应收账款、材料采购、发放工资等，一般在短期内可以收回。

2. 企业筹资的渠道和方式

企业筹资的渠道是指企业取得资金的来源。企业筹资的方式是指企业取得资金的具体形式。企业筹集资金渠道很多，包括财政资金、银行资金、非银行金融机构资金、其他企业资金、居民个人资金、企业内部资金、国外资金等。

3.企业筹资的动机与要求

（1）企业筹资的动机。企业进行筹资是为了自身的生存与发展。企业筹资通常受一定动机的驱使。其动机主要有扩张性动机、偿债性动机和混合性动机。企业财务人员应客观地评价筹资动机，预见各种筹资动机带来的后果。

①扩张性动机。扩张性动机是由企业因扩大生产规模而需要增加资产所促成的。例如，企业在其产品寿命周期的开拓和扩张时期，往往需要筹集大量资金，尤其是长期资金。

②偿债性动机。企业为了偿还某些债务而筹资，这样的动机称为偿债性动机，即借新债还旧债。偿债性筹资可分为两种情况：一是调整性偿债筹资，即企业虽有足够的能力支付到期旧债，但为了调整原有的资本结构，仍然举债，从而使资本结构更加合理，这是主动的筹资策略。二是恶化性偿债筹资，即企业现有的支付能力已不足以偿还到期旧债，被迫举债还债，这种情况说明财务状况已经恶化。

③混合性动机。企业因同时需要长期资金和现金而形成的筹资动机称为混合性动机。通过混合性筹资，企业既扩大了企业资金规模，又偿还了部分旧债，即在这种筹资中混合了扩张性筹资和偿债性筹资两种动机。

（2）企业筹资的要求。企业筹资的总体要求是，要分析评价影响筹资的各种因素，讲究筹资的综合效果。具体要求主要有：

①合理确定筹资数量，努力提高筹资效果。企业在开展筹资活动之前，应合理确定资金的需要量，并使筹资数量与需要达到平衡，防止筹资不足影

响生产经营或筹资过剩降低筹资效果。

②认真地选择筹资来源，力求降低资金成本。企业筹资可采用的渠道和方式多种多样，不同筹资方式的难易程度、资金成本和财务风险各不一样。

③适时取得资金来源，保证资金投放需要。筹措取得的资金要按照资金的投放使用时间来合理安排，使筹资与用资在时间上相衔接，避免筹取过早造成投用前的闲置或筹取滞后影响投放的有利时机。

4.资金需要量预测

企业筹集资金首先要对资金需要量进行预测，即对企业未来组织生产经营活动的资金需要量进行预测、估计、分析和判断。因为企业资金主要占用在固定资产和流动资产上，而这两项资产的性质、用途和占用资金的数额都不相同，所以需要分别测算。在企业正常经营的情况下，主要是对流动资金需要量进行预测。预测的方法通常分为以下两类：

（1）定性预测法。定性预测法是根据调查研究所掌握的情况和数据资料，凭借预测人员的知识和经验，对资金需要量进行判断。其一般在缺乏完备、准确的历史资料时采用。预测的主要程序是：首先，由熟悉企业经营情况和财务情况的专家，根据其经验对未来情况进行分析判断，提出资金需要量的初步意见。其次，通过各种形式进行讨论，如信函调查、开座谈会等形式。最后，参照本地区同类企业情况进行分析判断，得出预测结果。

（2）定量预测法。定量预测法是指以资金需要量与有关因素的关系为依据，在掌握大量历史数据资料的基础上，选用一定的数学方法加以计算，并将计算结果作为预测数的一种方法。定量预测法种类很多，如趋势分析法、相关分析法、线性规划法等。

（二）普通股筹资

普通股是股份有限公司的首要资本来源。在资产负债表上，负债和所有者权益栏中，可能没有长期负债，没有优先股，但不可能没有股本金。

1.普通股的概念和种类

（1）普通股及其股东权利。普通股是股份有限公司发行的无特别权利的股份，也是最基本、最标准的股份。通常情况下，股份有限公司只发行普通股，发行普通股股票筹集到的资金称为"股本"或"股本总额"，是公司资本的主体。

普通股持有人是公司的基本股东，一般具有以下权利：

①对公司的管理权。普通股股东具有对公司的管理权。对大公司来说，普通股股东数目多，不可能每个人都直接对公司进行管理。普通股股东的管理权主要体现为其在董事会选举中有选举权和被选举权，通过选举出的董事会来代表所有股东对企业进行控制和管理。具体来说，普通股股东的管理权主要表现为投票权，即普通股股东有权投票选举公司董事会成员，并有权就修改公司章程、改变公司资本结构、批准出售公司某些资产、吸收或兼并其他公司等重大问题进行投票表决；对公司账目和股东大会决议的审查权；对公司事务的质询权。

②分享盈余的权利。分享盈余也是普通股股东的一项基本权利。盈余的分配方案由董事会决定，并由股东大会审议通过。

③出售或转让股份的权利。股东有权出售或转让股票，这是普通股股东的一项基本权利，但股份转让权的行使必须符合公司法和公司章程规定的条件、程序及其他法规。

④优先认股权。当公司增发普通股股票时，旧股东有权按持有公司股票的比例优先认购新股票。这主要是为了现有股东保持其在公司股份中原来所占的百分比，以保证他们的控制权。同时，普通股股东也基于其资格，对公司承担义务。我国公司法中规定了股东具有遵守公司章程、缴纳股款、对公司负有限责任等义务。

（2）普通股的种类。股份有限公司根据有关法律法规的规定，以及筹资和投资者的需要，可以发行不同种类的普通股。

①按投资主体不同，可以分为国家股、法人股、个人股和外资股。国家股是有权代表国家投资的部门或机构以国有资产向公司投入而形成的股份；法人股是企业法人依法以其可支配的财产向公司投入而形成的股份，或具有法人资格的事业单位和社会团体以国家允许用于经营的资产向公司投入而形成的股份。

②按股票发行时的特别规定分类，如按股票有无记名，可以分为记名股票和不记名股票；按股票是否标明金额，可分为有面值股票和无面值股票。

记名股票是在股票票面上记载股东姓名或名称的股票。这种股票除股票上所记载的股东之外，其他人不得行使其股权，且股份的转让有严格的法律程序与手续，需办理过户。

不记名股票是票面上不记载股东姓名或名称的股票。这类股票的持有人即股份的所有人，具有股东资格；股票的转让也比较自由、方便，无须办理过户手续。

有面值股票是在票面上标有一定金额的股票。持有这种股票的股东，对公司享有的权利和承担义务的大小，以其所持有的股票票面金额占公司发行在外股票总面值的比例而定。

无面值股票是不在票面上标出金额，只载明所占公司股本总额的比例或股份数的股票。无面值股票的价值随公司财产的增减而变动，而股东对公司享有权利和承担义务的大小，直接依股票标明的比例而定。

③根据股票发行对象和上市地区，又可将股票分为 A 股、B 股、H 股和 N 股。

（3）普通股筹资的优缺点。与其他筹资方式相比，普通股筹资的优缺点较为明显。

①利用普通股筹资的主要优势有以下几点：

第一，发行普通股筹措的资本具有永久性，无到期日，不需归还。这对保证公司对资本的最低需要、维持公司的长期稳定发展极为有益。

第二，公司没有支付普通股股利的法定义务。这使得公司可以根据具体情况行事。由于没有固定的股利负担，股利的支付与否与支付多少，视公司有无盈利和经营需要而定，经营波动给公司带来的债务负担相对较小。

第三，发行普通股筹集的资本是公司最基本的资金来源。这反映了公司的实力，可作为其他方式筹资的基础，尤其可为债权人提供保障，增强公司的举债能力。

第四，由于普通股的预期收益较高并可在一定程度上抵消通货膨胀的影响（通常在通货膨胀期间，不动产升值时股票也随之升值）。

另外，如果不受有关法律法规限制，公司可用普通股的买进或卖出来临时改变公司资本结构。例如，在公司盈利较高时，为防止现金的大量流失，公司可以在未公布盈利前，在市场上购买自己的普通股，作为库藏股储存起来；在公司经营不景气致使普通股市价下跌时，如果公司预测未来经营情况良好，亦可购进自己的股票储存起来，等盈利增多时再予以抛售。

②利用普通股筹资的缺点主要有以下两点：

第一，筹资的资本成本较高。首先，在筹措普通股时发生的费用（如包销费）较高。其次，从投资者角度而言，投资于普通股风险较高，因而相应地要求有较高的投资报酬率。

第二，以普通股筹资会增加新股东，可能分散公司的控制权。

2. 普通股股票及其发行上市

（1）股份有限公司成立的方式有两种：发起式和募集式。采用发起式成立时，公司股份由发起人认购，不向发起人以外的任何人募集股份，而且只能发行股权证，不能发行股票；采用社会公众募集方式设立的公司，其股份除发起人认购之外，其余股份应向公众公开发行。募集式设立的公司只能发行股票，不能发行股权证。

①普通股股票的票面要素。普通股股票可以随时进行转让和买卖，是一种长期性的有价证券，因此对股票的印制有严格的质量要求，必须事先经人民银行审定后在指定的印刷厂印制，但近年来逐渐趋向于"无纸化"。

股票票面要素必须足以表明股份公司的基本情况和发行股票的基本情况。其中包括：

a. 发行股票的公司名称、住所，并有董事长签名和公司盖章。

b. 股票字样，包括标明"普通股"字样。

c. 公司设立登记或新股发行的变更登记的文号及日期。

d. 股票面值和股票发行总数。

e. 股东姓名或名称。

f. 股票号码。

g. 发行日期。

h. 股票背面简要说明（如股息、红利分配原则和股东权益及义务，转让、挂失、过户的规定等）。

②普通股股票的发行。在我国，发行股票应接受国务院证券委员会和中国证券监督管理委员会的管理和监督。股票发行的管理规定主要包括股票发行的条件、发行的程序、销售方式等。

A. 股票发行的条件。按照我国公司法的有关规定，股份有限公司发行股票，应符合以下条件：

a. 每股金额相等。同次发行的股票，每股发行条件与价格应相同。

b. 股票发行价格可按票面金额，也可以超过票面金额，但不得低于票面金额。

c. 股票应当载明公司名称、公司登记日期、股票种类、票面金额，以及代表的股份数、股票编号等主要事项。

d. 公司发行记名股票的，应当置备股东名册，记载股东的姓名或者名称、住所，各股东所持股份、各股东所持股票编号、各股东取得其股份的日期。

e. 公司发行新股，必须具备一定条件（前一次发行的股份已募足，并间隔 1 年以上；公司在最近 3 年内连续盈利，并可以向股东支付股利；公司在 3 年内财务会计文件无虚假记载；公司预期利润率可达同期银行利率）。

f. 公司发行新股，应由股东大会做出有关事项的决议（新股种类及数额，新股发行价格，新股发行的起止日期，向原有股东发行新股的种类及数额）。

B.股票发行的程序。如前所述，股份有限公司可以在设立时发行股票，也可以增资后发行新股，两者在程序上有所不同。

a.设立时发行股票的程序分为以下五步：

第一，提出募集股份申请。股份有限公司的设立必须经过国务院授权的部门或者省级人民政府批准。发起人在递交募股申请时，还要报送下列主要文件以备审查：批准设立公司的文件；公司章程；经营结算书；发起人的姓名或名称，认购的股份数，出资种类及投资证明；招股说明书；代收股款银行的名称和地址；承销机构名称及有关协议。

第二，公告招股说明书，制作认股书，签订承销协议和代收股款协议。募股申请获得批准后，发起人应在规定期限内向社会公告招股说明书。招股说明书应附有发起人制定的公司章程，并载明发起人认购的股份数、每股的票面金额和发行价格、无记名股票的发行总数、认股人的权利和义务、本次募股的起止期限及逾期未募足时认股人可撤回所认股份的说明等事项。我国不允许股份公司自己发行股票。发起人向社会公开募集股份，应当与依法设立的证券经营机构签订协议，由证券经营机构承销股票。承销协议应载明当事人的姓名、住所及法定代表人的姓名；承销方式；承销股票的种类、数量、金额及发行价格；承销期；承销付款的日期及方式；承销费用；违约责任；等等。

第三，招认股份，收缴股款。发起人或承销机构通常以广告或书面通知的方式招募股份。认购人认股时，需填写认股书。认购人填写了认股书，便承担按认股书约定缴纳股款的义务。

第四，召开创立大会，选举董事会、监事会。募足股款后，发起人应在规定的期限内主持召开创立大会。创立大会由认股人组成，应有代表股份半数以上的认股人出席方可举行。

第五，办理设立登记，交割股票。经创立大会选举产生的董事会，应在规定的期限内办理公司设立的登记事项。

b. 增资发行新股的程序也分为五个步骤：

第一，由股东大会做出发行新股的决议。决议包括新股种类及数额，新股发行的价格，新股发行的起止日期，向原有股东发行新股的种类及数额。

第二，由董事会向国务院授权的部门或省级人民政府申请并经批准。属于向社会公开募集的，应经国务院证券管理部门批准。

第三，公司经批准向社会公开发行新股时，必须公告新股招股说明书和财务报表及附属明细表，并制作认股书。

第四，招认股份，收缴股款。

第五，改组董事会、监事会，办理变更登记并向社会公告。

C. 股票的销售方式。股票的销售方式指的是股份有限公司向社会公开发行股票时所采取的股票销售方法，具体分为自销和委托承销两类。

自销方式是指股票发行公司直接将股票销售给认购者。这种销售方式可由发行公司直接控制发行过程，实现发行意图，并节省发行费用，但往往筹资时间较长，发行公司要承担全部发行风险，并需要发行公司有较高的知名度、信誉和较强的实力。

承销方式是指发行公司将股票销售业务委托证券经营机构代理。这种方式是发行股票所普遍采用的。我国公司法规定，股份有限公司向社会公开发行股票，必须与依法设立的证券经营机构签订承销协议，由证券经营机构承销。

股票承销又分为包销和代销两种具体办法。所谓包销，是指根据承销协议商定的价格，证券经营机构一次性全部购进发行公司公开募集的全部股份，然后以较高的价格出售给社会上的认购者。所谓代销是指证券经营机构仅替发行公司代售股票，并由此获取一定佣金，但不承担股款未募足的风险。

（2）股票上市的目的与条件。股票上市是指股份有限公司公开发行的股票经批准在证券交易所进行挂牌交易。经批准在交易所交易的股票称为上市股票。按照国际通行做法，非公开募集发行的股票或未向证券交易所申请上市的非上市证券，应在证券交易所外的店头市场（Over the Counter Market, OTC market）上流通转让。

①股票上市的目的。股份公司申请股票上市，一般是出于以下目的：

第一，资本大众化，分散风险。股票上市后，会有更多的投资者认购公司股份，公司则可将部分股份转售给这些投资者，再将得到的资金用于其他方面，这就分散了公司的风险。

第二，提高股票的变现力。股票上市后便于投资者购买，自然提高了股票的流动性和变现力。

第三，便于筹措资金。股票上市必须经过有关机构的审查批准并接受相应的管理，执行各种信息披露和股票上市的规定，这就极大增强了社会公众对公司的信赖，使其乐于购买公司的股票。

第四，提高公司知名度，吸引顾客。股票上市为社会公众所知，并被认为经营优良，会带来良好声誉，吸引更多的顾客，从而扩大销售。

第五，便于确定公司价值。股票上市后，公司股价有市价可循，便于确认公司的价值，有利于促进公司财富的最大化。

②股票上市的条件。公司公开发行的股票进入证券交易所挂牌买卖（股票上市），须受严格的条件限制。根据有关规定，股份有限公司申请其股票上市，必须符合下列条件：

第一，股票经国务院证券管理部门批准已向社会公开发行，不允许公司在设立时直接申请股票上市。

第二，公司股本总额不少于人民币 5 000 万元。

第三，开业时间在 3 年以上、最近 3 年连续盈利、属国有企业依法改建而设立股份有限公司的，或者在公司法实施后新组建成立、其主要发起人为国有大中型企业的股份有限公司，可连续计算。

第四，持有股票面值人民币 1 000 元以上的股东不少于 1 000 人，向社会公开发行的股份达到股份总额的 25% 以上。

第五，公司在最近 3 年内无重大违法行为，财务会计报告无虚假记录。

此外，股票上市公司必须公告其上市报告，并将其申请文件存放在指定的地点供公众查阅。股票上市公司还必须定期公布财务状况和经营情况，每会计年度内半年公布一次财务会计报告。

（3）股票上市的暂停与终止。股票上市公司有下列情形之一的，由国务院证券管理部门决定暂停其股票上市。

第一，公司股本总额、股权分布等发生变化并不再具备上市条件（在规定限期内未能消除的，终止其股票上市）。

第二，公司不按规定公开其财务状况，或者对财务报告作虚假记录（后果严重的，终止其股票上市）。

第三，公司有重大违法行为（后果严重的，终止其股票上市）。

第四，公司最近3年连续亏损（在规定期限内未能消除，终止其股票上市）。

第五，公司决定解散，被行政主管部门依法责令关闭或者宣告破产的，由国务院证券管理部门决定终止其股票上市。

（三）资本金制度

1. 建立资本金制度的意义

资本金制度是国家围绕资本金的筹集、管理，以及所有者的责权利等方面所做的法律规范。

资本是商品经济高度发达的产物，是企业从事生产经营活动的基本条件，它始终寓于社会再生产的运动之中，并不断实现资本增值。随着我国经济体制改革的深化，外商投资企业、私人企业、股份制经济等发展迅速，这也从客观上要求明确产权关系，加强对资本金的管理。

（1）有利于保障投资者权益

我国现行的资金管理制度是借鉴苏联的做法建立和发展起来的，主要适用于国有企业。由于企业资金来源单一，所有者就是国家，制定的各类财务制度也没有考虑资本保全问题。

（2）有利于企业正确计算盈亏，真实反映企业经营状况

过去，企业固定资产盘盈、盘亏、毁损、报废以及国家统一调价都会引起企业库存物资的价差，要相应调整资金，从而使企业盈亏不实。若调增了资金，企业的盈利就少计一部分；相反地，若调减了资金，企业的盈利就虚

增一部分。这些都不能如实反映企业生产经营的最终成果。

（3）有利于企业实现自负盈亏

企业的建立和发展必须有资金，资金的来源很多，可以是借入，也可以是投资者投入，但都需要有本钱。本钱就是资本金。在市场经济社会中，企业能否借入资金、借入多少资金，取决于企业的资本金规模和资信状况，以及企业的偿债能力。因此，资本金是企业实现自主经营和自负盈亏的前提条件，建立资本金制度将有利于健全企业自主经营、自负盈亏、自我发展、自我约束的经营机制。

2.资本金制度的内容

（1）资本金及其构成

①资本金的含义。资本金是指企业在工商行政管理部门登记的注册资金。这是财政部于2006年发布的《企业财务通则》对资本金的规定。从性质上看，资本金是投资人投入的资本，是主权资本，不同于债务资金。从目的上看，资本金以追求盈利为目的，不同于非营利性的事业行政单位资金。

在资本金的确定上，主要有以下三种方法：

一是实收资本制。在公司成立时，必须确定资本金总额，并一次认足，实收资本与注册资本一致，否则，公司不得成立。

二是授权资本制。在公司成立时，虽然也要确定资本金总额，但是否一次认足，与公司成立无关，只要缴纳了第一期出资，公司就可以成立，没有缴纳的部分委托董事会在公司成立后进行筹集。

三是折中资本制。要求公司成立时确定资本金总额，并规定每期出资数额，但对第一期出资额或出资比例，一般要做出限制。

②资本金的构成。依照《企业财务通则》，资本金按照投资主体分为国家资本金、法人资本金、个人资本金，以及外商资本金。

国家资本金是指有权代表国家投资的政府部门或者机构以国有资产投入企业形成的资本金。法人资本金是指其他法人单位包括企业法人和社团法人以其依法可支配的资产投入企业形成的资本金。个人资本金是指社会个人或者本企业内部职工以个人合法财产投入企业形成的资本金。外商资本金是指外国投资者以及我国香港、澳门和台湾地区投资者投入企业形成的资本金。

（2）法定资本金

依照《企业财务通则》，企业设立时必须有法定的资本金。所谓法定资本金，是指国家规定的开办企业必须筹集的最低资本金数额。从现行法规看，对于法定资本金主要有以下几个规定：

①全国人民代表大会通过的《中华人民共和国民法典》（2021年1月1日起施行）、《中华人民共和国全民所有制工业企业法》（1988年8月1日起施行）等法律法规均有些原则性规定。

②对外商投资企业，要求注册资本与生产经营的规模、范围相适应，并明确规定了注册资本与投资总额的最低比例或最低限额。投资总额在300万美元以下的，注册资本所占比例不得低于70%；投资总额在300万～1 000万美元的，不得低于50%，其中投资总额在420万美元以下的，不得低于210万美元；投资总额在1 000万～3 000万美元的，其比例不得低于40%，其中投资总额在1 250万美元以下的，注册资本不得低于500万美元；投资总额在3 000万美元以上的，不得低于投资额的1/3，其中投资总额在3 600万美元以下的，注册资本不得低于1 200万美元。

③1993年，由全国人大会议通过并实施的《中华人民共和国公司法》规定，股份有限公司注册资本的最低限额为人民币1 000万元，有外商投资的公司的注册资本不低于人民币3 000万元。有限责任公司注册资本的最低限额为：生产经营性公司、商业物资批发性公司人民币50万元；商业零售型公司人民币30万元；科技开发、咨询、服务性公司人民币10万元。其中民族区域自治地区和国家确定的贫困地区，经批准，注册资本的最低限额可按上述规定限额降低50%。

（3）资本金的筹集方式

①货币投资。在注册资本中，投资各方需要投资的货币资金数额，通常取决于投入的实物、专利权、商标权。按照我国有关法律法规规定，货币出资不得少于资金的50%。

若为外商投资，外商出资的外币应按缴款当日我国外汇管理部门公布的外汇牌价折算成人民币或套算成约定的外币，假定某合资企业合同规定，注册资本以美元表示，而记账本位币采用人民币，在合资外方用港元汇来作为投资缴款时，对此记账，就应先将港元按缴款当日牌价折算成美元，然后用同日牌价将美元折合成人民币，凭此记账。

②实物投资。实物投资包括固定资产投资和流动资产投资。

固定资产投资指投资单位以厂房、建筑物、机器设备、仓库运输设备等固定资产作为投资。这种投资的价值一般按投出单位的账面价值作为固定资产的原值，由联营双方按质论价确定的价值作为固定资产的净值，即投资的实际数额。

流动资产投资是指投资单位以流动资产对企业的投资，一般是以提供原材料及主要材料、辅助材料或提供劳务等形式作为对企业的投资。这类流动资产投资额的确定与企业流动资产计价方法相同。

③专利权、商标权和非专利技术投资。专利权是依法批准的发明人对其发明成果在一定年限内享有独立权、专用权和转让权，任何单位、个人如果需要利用该项专利，必须事先征得专利使用者许可，并付给一定的报酬。商标权是商标经注册后取得的专用权，受法律保护。商标的价值在于它能够使拥有者具有较大的获利能力。按商标法规定，商标可以转让，但受让人应当保证商标的产品质量。商标也是企业出资方式之一。非专利技术即专有技术，或技术秘密、技术诀窍，指先进的、未公开的、未申请专利的、可以带来经济效益的技术及诀窍，主要包括以下两种：一是工业专有技术，指生产上已经采用，仅限于少数人知道，不享有专利权或发明权的生产、装配、修理、工艺或加工方法的技术知识。二是商业（贸易）专有技术，指具有保密性质的市场情报、管理方法、培训职工方法等保密知识。

其中应当指出，作为投资的专有技术与应由企业支付的技术转让费是不同的，其他单位可以把专有技术转让给企业使用，向企业分期收取一定的费用，企业支付的这种费用，被称为技术转让费。

作为投资者出资的商标权、专利权、非专有技术，必须符合下列条件之一：能生产市场急需的新产品或出口适销的产品；能显著改进现有产品的性能、质量，提高生产效率；能显著节约原材料、燃料和动力。

我国现行的法律法规虽允许企业使用无形资产进行投资，但无形资产投资总额不宜过高，否则就会影响货币和实物投资，不利于企业生产经营和发展。

必须指出，投资各方按合同规定向企业认缴的出资，必须是投资者自己所有的货币资产，以及自己所有并未设立任何担保物权的实物、商标权、专利权、非专利技术等。

④土地使用权投资。企业所需场地，应由企业向所在地的市（县）级土地主管部门提出申请，经审查批准后，通过签订合同取得场地使用权。合同应说明场地面积、地点、用途、合同期限、场地使用权的费用（以下简称"场地使用费"）、双方的权利与义务、违反合同的罚款等。

场地使用费标准应根据场地的用途、地理环境条件、征地拆迁安置费用、合资企业对基础设施的要求等因素，由所在地的省、自治区、直辖市人民政府规定。企业所需土地的使用权，如为某企业所拥有，则该企业可将其作为对新企业的出资，其作价金额应与取得同类土地使用权所缴纳的使用费相同。

土地使用权投资与场地使用费不同，土地使用权投资是对企业的一项投资，是企业的无形资产，其价值分期摊销转作费用。土地使用权投资的价值，一般可按土地面积、使用年限和政府规定的土地使用费标准综合计算，其具体作价应由投资各方协商确定。场地使用费是企业向政府申请使用场地，而按场地面积和政府规定的使用费标准，按期向政府缴纳的场地使用费用，是企业的一项费用支出。

二、流动资产投资管理

（一）现金管理

现金是流动性最强的资产，包括库存现金、银行存款、银行本票、银行汇票等。拥有足够的现金对降低企业财务风险、提高企业资金的流动性具有十分重要的意义。

1. 现金管理的目的和内容

为了说明现金管理的目的和内容，必须了解企业持有现金的动机。

（1）企业持有现金的动机

①支付动机。支付动机是指企业需要现金支付日常业务开支。它包括材料采购、支付工资、缴纳税款等。尽管企业平时也会从业务收入中取得现金，但很难做到收入和付出在数量和时间上那么协调。

②预防动机。预防动机是指企业持有现金以备意外事项之需。日常经营活动受价格高低、应收账款不能按期收回等多种因素的影响，现金流量难以准确测算，因此持有一定数量的现金可以防不测。一般来说，经营风险越大或销售收入变动幅度越大的企业，现金流量难以把握的程度越大，其预防性现金持有量应越多。

③投机动机。投机动机是指企业持有现金，以便当证券价格剧烈波动时，从事投机活动，从中获得收益。当预期利率上升，有价证券的价格将要下跌时，投机动机就会鼓励企业暂时持有现金，直到利率停止上升为止。当预期利率将要下降，有价证券的价格将要上升时，企业可能会将现金投资于有价证券，以便从有价证券价格的上升中得到收益。

（2）现金管理的目的

现金管理的目的，是在保证企业生产经营所需现金的同时，节约使用资金，并从暂时闲置的现金中获得最多的利息收入。企业的库存现金没有收益，银行存款的利息率也远远低于企业的资金利润率。现金结余过多，会降低企业的收益；现金结余太少，又可能会出现现金短缺，影响生产经营活动。

（3）现金管理的内容

现金管理的内容主要包括以下几个方面：

①编制现金收支预算，以便合理地估计未来的现金需求。

②用特定的方法确定理想的现金余额。当企业实际的现金余额与理想的现金余额不一致时，采用短期融资、归还借款、投资于有价证券等策略来达到理想状况。

③对日常的现金收支进行管理，力求加速现金周转速度，提高现金的使用效率。

2. 现金最佳持有量的确定

现金是一种流动性最强的资产，又是一种营利性最差的资产。现金过多，会使企业盈利水平下降，而现金太少，又有可能出现现金短缺，影响生产经营。在现金余额问题上，存在风险与报酬的权衡问题。西方财务管理中确定最佳现金余额的方法很多，现结合我国实际情况，介绍最常用的几种方法。

（1）成本分析模式

成本分析模式是通过分析持有现金的成本，寻找使现有成本最低的现金持有量。企业持有的现金，将会有以下三种成本：

①资本成本（机会成本）。现金作为企业的一项资金占用，是有代价的，这种代价就是它的资本成本。假定某企业的资本成本率为10%，年均持有50万元的现金，则该企业每年现金的资本成本为5万元。现金持有额越大，资本成本越高。企业为了经营业务，需要拥有一定的资金，付出相应的资本成本代价是必要的，但现金存量过多，资本成本代价大幅度上升，就不合

算了。

②管理成本。管理成本是指对企业置存的现金资产进行管理而支付的代价。例如，建立完整的企业现金管理内部控制制度，制定各种现金收支规定、现金预算执行的具体办法等，它包括支付给具体现金管理人员的工资费用、各种安全措施费等。

③短缺成本。短缺成本是指企业由于缺乏必要的现金，不能应付必要的业务开支而使企业承受的损失。现金的短缺成本一般有以下三种：

第一，丧失购买能力的成本。这主要是指企业由于缺乏现金而不能及时购买原材料、生产设备等生产必要物资，而使企业正常生产不能得以维持的代价。这种代价虽然不能明确测定，一旦发生，会给企业造成很大的损失。

第二，信用损失和得到折扣好处的成本。首先是指企业由于现金短缺而不能按时付款，因而失信于供货单位，造成企业信誉和形象下降的成本，这种损失是长久和潜在的。其次是指企业缺乏现金，不能在供货方提供现金折扣期内付款，丧失享受现金折扣优惠的好处，而相应提高了购货成本的代价。

第三，丧失偿债能力的成本。这是指企业由于现金严重短缺而根本无力在近期内偿还各种负债而给企业带来重大损失的成本。由于现金短缺而造成企业财务危机，甚至导致破产清算的先例数不胜数，在所有现金短缺成本中，此项成本最有可能对企业造成致命的影响。

（2）存货模式

存货模式的基本原理是将企业现金持有量和有价证券联系起来衡量，即将现金的持有成本同转换有价证券的成本进行权衡，以求得二者相加总成本最低时的现金余额，从而得出最佳现金的持有量。

使用存货模式，需要建立在一个假定条件之上，即企业在一定时期内现金的流出与流入量均可预测。企业期初持有一定量的现金，若每天平均流出量大于流入量，到一定时间后现金的余额降至零时，企业就得出售有价证券进行补充，使下一周期的期初现金余额恢复到最高点，而后这笔资金再供生产逐渐支用，待其余额降至零后又进行补充，如此周而复始。

如前所述，当企业持有的现金趋于零时，就需要将有价证券转换为现金，用于日常开支，但转换有价证券需要支付一些固定成本。一定时期内变换有价证券的次数越多，其固定成本就越高。当然，企业置存现金也要付出一定代价，因为保留现金意味着放弃了投资于有价证券而产生的利息收益机会。一般来说，在有价证券收益率不变的条件下，保持现金的余额越多，形成的机会成本越大。

存货模式确定最佳现金持有量是建立在未来期间现金流量稳定均衡且呈周期性变化的基础上的。在实际工作中，企业要准确预测现金流量，往往是不易做到的。通常可以这样处理：在预测值与实际发生值相差不是太大时，实际持有量可在上述公式确定的最佳现金持有量基础上，稍微再提高一些即可。

（3）随机模式

随机模式是适用于企业未来的现金流量呈不规则波动、无法准确预测的情况下的一种控制模式。这种方法的基本原则是制定一个现金控制区域，定出上限和下限。上限代表现金持有量的最高点，下限代表最低点。当现金余额达到上限时则将现金转换成有价证券。

3.现金收支管理

在现金管理中，企业除合理编制现金收支预算和确定最佳现金余额之外，还必须进行现金收支的日常控制。

（1）加速收款

①集中银行。集中银行是指通过设立多个策略性的收款中心来代替通常在公司总部设立的单一收款中心，以加速账款回收的一种方法。其目的是缩短从顾客寄出账款到现金收入企业账户这一过程的时间。具体做法是：企业销售商品时，由各地分设的收款中心开出账单，当地客户收到销售企业的账单后，直接汇款或邮寄支票给当地的收款中心，中心收款后立即存入当地银行或委托当地银行办理支票兑现；当地银行在进行票据交换处理后立即转给企业总部所在地银行。

应用集中银行的优点表现在两个方面：一是缩短了账单和支票的往返邮寄时间。这是因为账单由客户所在地的收款中心开出，并寄给当地客户，所需的时间明显小于直接从企业所在地邮寄账单给客户的时间。同时，客户付款的支票邮寄到距离最近的收款中心的时间比直接邮寄到企业所在地的时间短。二是缩短支票兑现所需的时间。这是因为各地收款中心收到客户的支票并交当地银行，企业就可向该地银行支取使用。采用这种方法也有不足之处，每个收款中心的地方银行账户应保持一定的存款余额，开设的中心越多，这部分"冻结资金"的机会成本也就越大。另外，设立收款中心需要一定的人力和物力，花费较多。这些都是财务主管在决定采用集中银行时必须考虑到的。

②锁箱系统。锁箱系统是通过承租多个邮政信箱，以缩短从收款到顾客

付款再到存入当地银行的时间的一种现金管理办法。具体做法是：企业对客户开出发票、账单，通知客户将款项寄到当地专用的邮政信箱，并直接委托企业在当地的开户银行每日开启信箱，以便及时取出客户支票立即予以登记、办理票据交换手续并存入该企业账户。当地银行依约定期向企业划款并提供收款记录。采用锁箱系统的优点是比集中银行的做法更能缩短企业办理收款、存储手续的时间，即公司从收到支票到这些支票完全存入银行之间的时间差距消除了。不足之处是需要支付额外的费用。银行提供多项服务要求有相应的报酬，这种费用支出一般来说与存入支票张数成一定比例。所以，如果平均汇款数额较小，采用锁箱系统并不一定有利。

（2）控制现金支出

①使用现金浮游量。所谓浮游量，是指企业从银行存款账户上开出的支票总额超过其银行存款账户的余额。出现现金浮游的主要原因是：从企业开出发票、收款人收到支票并将其送交银行，甚至银行办理完款项的划转，通常需要一定的时间。在这段时间里，企业已开出支票却仍可动用银行存款账户上的这笔资金，以达到充分利用现金之目的。企业使用现金浮游量应谨慎行事，要预先估计好这一差额并控制使用的时间，否则会发生银行存款的透支。

②延缓应付款的支付。企业在不影响自己信誉的前提下，应尽可能地推迟应付款的支付期，充分运用供应商所提供的信用优惠。例如，企业在采购材料时，其付款条件为开票后10天内偿付，可享受现金折扣2%，30天内则按发票金额付款。企业应安排在开票后第10天付款，这样既可最大限度地利用现金，又可享受现金折扣。如果企业确实急需资金，或短期调度资金

需要花费较大代价，也可放弃折扣优惠，当然，应在信用期的最后一天支付款项。

此外，企业还可以利用汇票这一结算方式来延续现金支出的时间。因为汇票和支票不同，不能见票即付，还须由银行经购货单位承兑后方能付现，故企业的银行存款实际支付的时间迟于开出汇票的时间。

（二）应收账款管理

应收账款是指企业因对外销售产品、材料、提供服务等而应向购货方或接受服务单位收取的款项。应收账款的存在是企业采取赊销和分期付款方式引起的，其产生的原因：一是适应市场竞争的需要，二是销售和收款实际时间上存在差异。

1. 应收账款的成本与管理目标

企业运用应收账款的商业信用与持有现金一样是有代价的，表现为机会成本、管理成本、坏账损失成本、短缺成本。

（1）机会成本。企业为了扩大销售而采取信用政策，这意味着有一部分销货款不能及时收回，要相应为客户垫付一笔相当数量的资金，这笔资金也就丧失了投资获利的机会，便产生了应收账款的机会成本。

（2）管理成本。管理成本即管理应收账款所花费的一切费用开支，主要包括客户的信誉情况调查费用、账户的记录和保管费用、应收账款管理费用、收集与整理各种信用费用等。

（3）坏账损失成本。由于各种原因，应收账款总有一部分不能收回，这就是坏账损失成本，它一般与应收账款的数量成正比。

（4）短缺成本。企业不能向某些信誉好的客户提供信用服务，而这些客户转向其他企业，使本企业销售收入下降，这种潜在的销售收入损失被称为短缺成本。

2. 信用政策

提高应收账款投资收益的重要前提是制定合理的信用政策。信用政策是应收账款的管理政策，即企业对应收账款投资进行规划与控制而确立的基本原则与行为规范，包括信用标准、信用条件和收账策略三个方面的内容。

（1）信用标准。信用标准是指企业同意顾客要求而在销售业务中给予一定付款宽限期，这种商业信用的最低标准，通常以预期的坏账损失率表示。这项标准的确定，主要是根据本企业的实际经营情况、市场当时竞争的激烈程度、客户的信誉情况等综合因素来制定。

①信用标准的定性评估。对于信用标准的评估一般可从质与量两个方面来进行。信用标准质的衡量往往比量的衡量更为重要，因为一个客户信用品质如何是其以往从商信誉的集中体现，它能综合地反映某一顾客承付货款的履约程度，这对于确定合适的信用标准是至关重要的。客户资信程度的高低通常取决于五个方面，即品德、能力、资本、担保、条件。

a. 品德。指客户履约或赖账的可能性。由于信用交易归根结底是对付款的承诺与履行，因而品德也可指客户承诺责任、履行偿债的一种诚意。

b. 能力。客户付款能力的高低。一般根据客户流动资产的数量、质量及其与流动负债的结构关系来进行判断。

c. 资本。资本（特别是有形资产净值与留存收益）反映了客户的经济实力与财务状况的优劣，是客户偿付债务的最终保障。

d. 担保。指客户所能提供的作为债务安全保障的资产。

e.条件。指可能影响客户目前付款能力的经济环境。

上述五种信用状况，可通过查阅客户的财务报告资料或通过银行提供的客户信用资料取得；也可通过与同一客户有信用关系的其他企业相互交换该客户的信用资料（如付款记录、信用金额、往来时间等），或从企业自身的经验与其他途径取得；还可通过从商业代理机构或征信调查机构提取的信息资料及信用等级标准取得。

②信用标准的定量评估。信用标准的定量评估，可以通过设定信用标准来进行。设定信用标准是依客户的具体信用资料，以若干个具有代表性、能说明企业偿付能力和财务状况的指标作为信用标准确定指标，并以此作为给予或拒绝给予客户信用的依据。

（2）信用条件。信用标准是企业评价客户信用等级，决定给予或拒绝给予客户信用的依据。信用条件是指企业要求客户支付赊销款的条件，主要包括信用期限、折扣期限、现金折扣等，它规定若客户能够在发票开出后的 10 日内付款，可以享受 2% 的现金折扣；如果放弃折扣优惠，则全部款项必须在 30 日内付清。在此，30 日为信用期限，10 日为折扣期限，2% 为现金折扣（率）。

①信用期限。是企业向客户提供赊账的最长期限。一般而言，信用期限过长，对扩大销售具有刺激作用，但也会为企业带来坏账损失，使被占用资金的机会成本和收账费用增加。因此，企业必须慎重研究，规定出恰当的信用期。

②折扣期限与现金折扣。在企业延长信用期限后，便会使应收账款多占用资金。为了加速资金的回收与周转，减少坏账损失，企业往往可采用向客

户提供现金折扣的办法，以此来吸引客户为享受优惠而提前付款，缩短企业的平均收账期。另外，现金折扣也能招揽一些视折扣为减价出售的客户前来购货，企业可借此扩大销售量。现金折扣率的大小往往与折扣期联系在一起。折扣率越大，则折扣期限（付款期限）就越短；反之亦然。

（3）收账政策。企业对不同过期账款的收款方式，包括准备为此付出的代价，就是它的收账政策。例如，对短期拖欠款户，可采用书信形式婉转地催讨账款；对较长期的拖欠户，可采用频繁的信件手段和电话催询手段，也可在必要时运用法律手段加以解决。

企业在制定应收账款政策时，应明确以下两个问题：

第一，收账成本与坏账损失的关系。企业花费的收账成本越高，应收账款被拒付的可能性就越小，企业可能遭受的坏账损失也就越小。但是，收账成本与坏账损失之间并不存在线性关系。当企业刚开始发生一些收账成本时，应收账款的坏账损失有小部分降低；随着收账成本的继续增加，应收账款被拒付的可能性明显减少；当收账成本的增加一旦越过某个限度，则追加的收账成本对进一步减少坏账损失的作用便呈减弱的趋势，因为总会有一些客户由于种种原因而拒付货款。

第二，收账成本与期望收回的应收账款之间的关系。只有当预期收回应收账款的收益大于企业所支付的收账成本时，企业才有必要付出代价收取应收账款。

3. 应收账款的日常管理

企业对于已经发生的应收账款，还应进一步强化日常管理工作，采取有力的措施进行分析、控制，及时发现问题，提前采取相应的对策。这些措施主要包括对应收账款进行追踪分析、账龄分析、收现率分析和制定应收账款坏账准备制度。

账龄分析可通过编制分析表的形式进行，企业可按某一时点，将所发生在外的各笔应收账款按照开票日期进行归类（确定账龄），并计算出各账龄应收账款的余额占总计余额的比重。

（三）存货管理

存货是企业在生产经营中为销售或者生产耗用而储存的各种资产，包括商品、产成品、半成品、在产品及各类材料、燃料、包装物、低值易耗品等。作为联系商品的生产与销售的重要环节，存货控制或管理效率的高低，直接反映并决定着企业收益、风险、资产流动性的综合水平，因而存货管理对保证企业生产正常进行、满足市场销售的需要、保持均衡生产、降低生产成本、预防意外事故的发生起着非常重要的作用。

1. 存货管理目标

企业出于保证生产或销售的经营需要和出于价格的考虑，必须储备一定量的存货。企业各个部门人员对存货储存有不同的观点。

采购人员希望能大批量采购存货，以便取得价格优惠并可节约运费。他们还希望尽可能提早采购，以减少紧急订货造成的额外支出，避免因中断供应而受到各方面的指责。

生产人员希望能大批量、均衡而且稳定地进行生产。经常改换品种，势必加大成本，降低生产效率。每个品种的大批量生产，将使平均存货水平上升。

销售人员希望本企业有大量存货，这样不仅可以提升市场上的竞争能力，而且因为是现货交易，有利于扩大销售额。他们还希望存货的品种齐全，或者生产部门能按客户要求及时改换品种，而不管批量多小。

针对上述特点，企业存货既要保证生产、保证销售等功能的充分发挥，使生产经营活动得以顺利进行，又要有利于降低存货成本、减少企业流动资产占用、提高资金的使用效果。这样企业存货管理的目标就是在存货的成本与收益之间进行利弊权衡，实现二者的最佳组合。

2. 存货成本

存货成本是企业为了存储存货而发生的各种支出，包括以下两种：

（1）进货成本。进货成本主要由存货的进价成本、进货费用及采购税金（如增值税的进项税额、进口原材料的关税）三个方面构成。这里设物价与税率不变且无采购数量折扣，这样采购税金总计数就保持相对稳定，属于决策无关成本。

①进价成本。指存货本身的价值，常用数量与单价的乘积来确定。每年需用量用 D 表示，单价用 u 表示，于是进价成本为 Du。

②进货费用。企业为组织进货而发生的各种费用，一是与进货次数有关的费用，如差旅费、邮费、电报电话费等，称为进货变动费用。二是与订货次数无关的费用，如常设采购机构的基本开支，称为进货的固定费用（用 $F1$ 表示）。每次进货的变动费用用 K 表示，而订货次数等于存货年需用量（D）与每次进货批量（Q）之商。

（2）储存成本。储存成本是指企业储存存货而发生的各种支出，包括存货占用资金的利息支出、仓库费用、保险费用、存货破损、变质损失等。

储存成本包括两种：一是与存货数量多少无关的储存成本，如仓库折旧额、仓库职工的固定工资等，称为储存固定成本。二是与存货数量多少有关的储存成本，如存货资金的应计利息、存货的破损与变质损失、保险费用等，称为储存变动成本。

三、销售收入与利润管理

（一）销售收入管理

1. 销售收入管理概述

（1）销售收入的概念及组成。在商品经济条件下，企业生产产品的目的不是自己消费，而是对外出售。企业在一定时期因销售产品或对外提供劳务所获取的收入就是销售收入，包括产品销售收入和其他业务收入。

①产品销售收入。产品销售收入是企业生产经营活动的主要收入，在整个企业销售收入中占有最大比重，是销售收入管理的重点。工业企业的产品销售收入包括销售产成品、自制半成品、工业性劳务等取得的收入。产品销售收入的实现不受销售对象的限制，企业的产品销售收入除包括对企业以外的其他单位销售产品取得的收入之外，还应包括对企业内部非生产部门销售产品取得的收入。

②其他业务收入。其他业务收入是指企业从产品销售业务以外的其他销售或其他业务所取得的收入，包括材料销售、固定资产出租、包装物出租、外购商品销售、运输业务、无形资产转让、提供非工业性劳务等取得的收入。

（2）销售收入的确认。销售收入的确认是销售收入管理的重要内容，它直接影响纳税时间的确定和利润的计算。正确确认销售收入的实现，对于处理好国家与企业的分配关系、保证国家的财政收入、正确评价企业的经营成果和经济效益，具有十分重要的作用。

根据财政部于1992年颁发的《工业企业财务制度》规定，企业应于产品已经发出，劳务已经提供，同时收讫价款或取得收取价款的凭据时，确认销售收入的实现。按照权责发生制原则，销售收入的实现主要有两个标志：

第一，物权的转移，即产品已经发出，劳务已经提供。

第二，货款已经收到或取得收取货款的权利，即企业已将发票账单提交对方或已向银行办妥托收手续，从而取得了收款权利。

企业按上述要求确认的销售收入，不是销售净收入。因为在实际业务中存在着销售退回、销售折让、销售折扣等事项。根据《工业企业财务制度》的规定，企业在销售业务中发生的销售退回、销售折让、销售折扣等，应冲减当期销售收入。

销售退回是指企业已销产品，因质量、品种规格等不符合合同或有关规定的要求，由购买方全部或部分退回企业的事项。销售折让是指企业已销售的产品，因种种原因达不到规定要求，诸如发现外观破损，经过协商，而在价格上给购买方以折让的事项。对于销售退回和销售折让，企业应及时查明原因和责任，冲减销售收入。销售折扣是企业为鼓励消费者或用户多购、早付款而采取的一种促销措施。销售折扣常见的有现金折扣、数量折扣、季节折扣等方式。

①现金折扣。现金折扣是指企业为鼓励购买者在一定期限内早日偿还货款而实行的一种减价。例如，折扣条件为"2/10，n/30"，即购买者必须在

30天内付清货款,如果在10天内付清货款,可以享受货款总金额2%的优惠。

②数量折扣。数量折扣是指企业为鼓励购买者多买而给大量购买者的一种减价,即买得越多,价格越便宜。

③季节折扣。季节折扣是指生产经营季节性产品的企业给购买过季产品的购买者的一种减价。

(3)销售收入管理的意义。销售收入是企业的重要财务指标,是企业生产经营成果的货币表示。加强销售业务管理,及时取得销售收入,对国家和企业都具有十分重要的意义。

①加强销售管理,及时取得销售收入,是保证企业再生产过程顺利进行的重要条件。在社会主义市场经济条件下,企业作为自主经营、自负盈亏的经济实体,要以自己的收入补偿自己的支出。工业企业的再生产过程包括供应、生产和销售三个环节。企业只有将生产的产品在市场销售给消费者和用户,并及时收回货款,再生产才能顺利进行。

②加强销售管理,及时取得销售收入,才能满足国家建设和人民生活的需要。在社会主义市场经济条件下,企业生产的目的是满足社会需要,并以收抵支,取得盈利。企业将产品生产出来,还未达到此目的,只有将已经生产出来的产品及时销售出去,才能证明企业生产的产品是社会所需要的,才能尽快满足国家经济建设和人民生活的需要。

③加强销售管理,及时取得销售收入,是企业实现纯收入、完成上缴财政任务、扩大企业积累的前提。企业取得的销售收入,扣减生产经营过程中的耗费,剩下的就是企业的纯收入,包括税金和利润两部分。企业将税金和利润的一部分上缴财政,其余按规定顺序进行分配。

2. 销售价格的管理

销售收入是销售数量和销售单价的乘积。在销售数量既定的前提下，销售价格是影响销售收入的决定性因素，因此，销售价格的管理是销售收入管理的重要内容。

（1）产品价格的概念。产品价格是产品价值的货币表现，它包括物化劳动转移的价值和活劳动新创造的价值。产品价值的大小取决于生产该种产品的社会必要劳动量。

产品价值从构成上看，可以分为三个部分：一是已消耗的生产资料转移的价值，用 c 表示。二是生产者为自己劳动所创造的价值，用 v 表示。三是生产者为社会劳动所创造的价值，用 m 表示。产品价值 w 可以用下面的公式表述：

$$w=c+v+m \qquad\qquad (1-3)$$

（2）工业品价格体系及构成。在高度集中的计划管理体制下，我国工业品价格主要由中央或地方的物价管理部门或企业主管部门统一制定，企业很少有定价权。自经济体制改革以来，随着商品经济的发展和企业自主权的扩大，这种高度集中的价格管理体制的弊端越来越明显地表露出来，不少产品的价格既不能反映产品的价值，又不能反映产品的供求关系，严重影响了经济体制改革的深入和社会经济的发展。

我国现行工业品价格体系，按产品在流通过程中经过的主要环节，一般分为出厂价格、批发价格和零售价格三种。

①出厂价格。出厂价格是生产企业出售给商业批发企业，或其他企业所采用的价格，是其他价格形式的基础。

②批发价格。批发价格是批发企业对零售企业或大宗购买单位出售产品时所采用的价格，是实际零售价格的基础。

③零售价格。零售价格是零售企业向消费者或用户出售产品时所采用的价格，是产品在流通过程中最后一道环节的价格。

从工业品价格体系及其构成不难看出，工业品的出厂价格是整个工业品价格构成的基础，对批发价格、零售价格有决定性的影响。

（3）出厂价格的制定。工业品出厂价格的制定，在遵守国家物价政策的前提下，应综合考虑以下几个因素：

①产品价值。价格是价值的货币表现，产品价格的制定应以价值为基础，基本符合其价值。只有这样，企业才能在正常生产经营条件下补偿生产耗费，完成上缴财政任务，满足自我积累和扩大再生产的需要。

②供求关系。价格围绕价值上下波动主要受供求关系的影响。当产品供不应求时，价格会上涨，刺激生产，限制消费；当产品供过于求时，价格会下跌，刺激消费，限制生产。

③其他因素。企业在制定产品价格时，除应考虑产品价值、供求关系这两个基本因素之外，还应考虑各产品之间的比价、分销渠道、消费者心理以及质量差价、季节差价、环节差价等因素，使产品价格趋于合理。

工业品出厂价格的定价方法多种多样，常见的有以下几种：

①成本外加法。成本外加法是指以产品成本费用（包括制造成本和期间费用）为基础，再加上一定的销售税金和利润，以此确定产品出厂价格的方法。其计算公式为：

出厂价格＝单位产品成本费用＋单位产品利润＋单位产品销售税金

$$(1-4)$$

②反向定价法。反向定价法又称销价倒扣法，它是以零售价格为基础，以批零差价、进批差价为依据，反向计算产品出厂价格的一种方法。其计算公式为：

批发价格＝零售价格×（1－批零差率）　　　$(1-5)$

出厂价格＝批发价格×（1－进批差率）　　　$(1-6)$

③心理定价法。心理定价法是指根据消费者和用户购买产品时的心理状态来确定产品价格的方法，如某些名牌产品的定价可以远远高于其他同类产品。这样既满足了消费者追求名牌的心理需要，又可以使企业增加盈利。

产品价格的制定，除上述三种方法之外，还有创利额定价法、比较定价法等。总之，随着社会主义市场经济的进一步发展，企业定价权的扩大，企业应遵循价值规律的要求，综合考虑各方面的因素，选择恰当的定价方法，制定出合理的价格，以达到扩大销售、增加盈利的目的。

3. 产品销售预测与日常管理

（1）产品销售预测。产品销售预测是指企业根据销售情况，结合对市场未来需求的调查，运用科学的方法，对未来一个时期产品的销售量和销售收入所进行的测算和推断。

产品销售预测的方法很多，大致可归纳为经验判断法和数学分析法两类。

经验判断法是指利用人们的实践经验，通过分析判断，对企业未来的销售发展趋势进行预测的方法。常见的有专家调查法、集合意见法、调查分析法等，这类方法简便易行，主要用于缺乏资料情况下的中长期预测。

数学分析法是根据企业销售的历史资料，通过运用一定的数学方法，对企业未来的销售发展趋势进行预测的方法。常见的有时间序列法、回归分析法、本量利分析法等。

①时间序列法。时间序列法是指按照时间顺序，通过对过去几期销售数据的计算分析，确定未来时期销售预测值的方法，包括简单平均法、加权平均法、移动平均法等。

第一，简单平均法。简单平均法是指将企业过去几期的实际销售数据之和除以期数而求得预测值的方法。

第二，加权平均法。加权平均法是指根据各期实际销售量对销售预测值的影响程度，分别给予不同的权数，然后求出加权平均数，并以此作为销售预测值的方法。

第三，移动平均法。移动平均法是指从销售时间序列数据中选取一组数据求其平均值，逐步移动，以接近预测期的平均值为基数，考虑发展趋势加以修正，从而确定销售预测值的方法。

②回归分析法。回归分析法是指根据销售变动趋势，建立回归方程，通过解回归方程求得销售预测值的方法。此法适用于销售量直线上升的企业。

③本量利分析法。本量利分析法是指利用销售量、成本与利润三者的内在联系，在已知产品成本的前提下，根据目标利润的要求来预测销售量的方法。

（2）销售收入的日常管理。销售收入的日常管理可分为以下四部分：

①按需组织生产，做好广告宣传工作。企业的产品，只有符合社会需要、质量上乘、品种规格齐全、价格合理、受广大消费者和用户欢迎，才能销售

出去，迅速实现销售收入。因此，企业必须十分重视市场调查和预测，按社会需要组织生产，研究开发新产品，不断提高产品质量，努力降低产品成本，向市场提供适销对路、物美价廉的产品。

②加强销售合同管理，认真签订和执行销售合同。经济合同是法人之间为实现一定经济目的，明确相互权利和义务而订立的协议。企业现今的产品销售，大都是通过销售合同来实现的。因此，企业财务部门应积极协助销售部门加强销售合同管理，认真签订和执行销售合同，以确保销售收入的实现。首先，企业要根据生产情况及时与购买单位签订销售合同，明确规定销售产品的品种、数量、规格、价格、交货日期、交货地点、结算方式，以及违约责任。其次，企业应加强库存产品的保管，及时按合同要求进行选配、包装，搞好发运工作。

③做好结算工作，及时收回货款。产品销售包含两层含义：一是向购买者发出产品，二是向购买者收取货款。有鉴于此，企业不仅要重视产品的发出，还要关心货款的收回。首先，企业应从既要有利于销售产品，又要有利于及时收回货款的原则出发，正确选择结算方式。其次，在托收承付结算方式下，企业发货后应尽快从有关部门取得发货和运输凭证，向银行办妥托收手续、监督购货单位按期付款。最后，对逾期未收回的账款，应及时查明原因，分别情况妥善处理。

④做好售后服务工作，为今后进一步扩大销售奠定基础。企业应树立对消费者和用户负责的观念，在产品售出后，做好售后服务工作。诸如为消费者和用户免费安装调试产品，提供配件、备件，建立维修网络，坚持上门服务，及时检修和排除故障，以及采取包修、包退、包换等措施。良好的售后服务，

有助于解除消费者和用户的后顾之忧，树立良好的企业形象，提高产品声誉，增强竞争能力，为今后进一步扩大销售、增加盈利奠定了基础。

（二）利润管理概述

1. 利润的构成

利润是指企业在一定会计期间的经营成果，包括营业利润、利润总额和净利润。它是衡量企业生产经营管理水平的重要综合指标。利润总额若为正数，则表示盈利；若为负数，则表示亏损。

利润总额=营业利润+投资收益+补贴收入+营业外收入−营业外支出（1–7）

（1）营业利润。营业利润是指主营业务收入减去主营业务成本和主营业务税金及附加，加上其他业务利润，减去营业费用、管理费用和财务费用后的金额。

营业利润=主营业务利润+其他业务利润−营业费用−管理费用−财务费用

（1–8）

其中，

主营业务利润=主营业务收入−主营业务成本−主营业务税金及附加（1–9）

其他业务利润=其他业务收入−其他业务支出　　　　（1–10）

（2）投资收益。投资收益包括对外投资分得的利润、股利、债券利息、投资到期收回或者中途转让取得款项高于账面价值的差额，以及按照权益法核算的股权投资在被投资单位增加的净资产中所拥有的数额。

投资损失包括对外投资到期收回或者中途转让取得款项低于账面价值的差额，以及按照权益法核算的股权投资在被投资单位减少的净资产中所分担的数额。

（3）补贴收入。补贴收入是指企业按规定实际收到的返还的增值税，或按销量、工作量等依据国家规定的补助定额计算并按期给予的定额补贴，以及属于国家财政扶持的领域而给予的其他形式的补贴。

（4）营业外收入与营业外支出。企业的营业外收入和营业外支出是指企业发生的与其生产经营活动无直接关系的各项收入和各项支出。

①营业外收入。企业营业外收入是指与企业销售收入相对应的，虽与企业生产经营活动没有直接因果关系，但与企业又有一定联系的收入。

第一，固定资产的盘盈和出售净收益。盘盈固定资产净收益是指按照原价扣减估计折旧后的余额；出售固定资产净收益是指转让或者变卖固定资产所取得的价款减去清理费用后的数额与固定资产账面净值的差额。

第二，罚款收入。它是指企业取得的对对方违反国家有关行政管理的法规，按照规定收取的罚款。

第三，因债权人原因确实无法支付的应付款项。这主要是指因债权人单位变更登记、撤销等无法支付的应付款项。

第四，教育费附加返还款。它是指自办职工子弟学校的企业，在缴纳教育费附加后，教育部门返还给企业的所办学校经费补贴数。

②营业外支出。营业外支出包括固定资产盘亏、报废、毁损和出售的净损失，非季节性和非修理期间的停工损失，职工子弟学校经费和技工学校经费，非常损失，公益救济性捐赠，赔偿金、违约金等。

第一，固定资产盘亏、报废、毁损和出售的净损失。固定资产盘亏、毁损是指按照原价扣除累计折旧、过失人及保险公司赔款后的差额；固定资产报废是指清理报废的变价收入减去清理费用后与账面净值的差额。

第二，非季节性和非修理期间的停工损失。它是指相对于季节性和修理期间的停工损失计入制造费用，非季节性和非修理期间的停工损失计入营业外支出。

第三，职工子弟学校经费和技工学校经费。职工子弟学校经费是指企业按照国家规定自办的职工子弟学校支出大于收入的差额；技工学校经费是指根据国家规定，发生的自办技工学校的经费支出。

第四，非常损失。它是指自然灾害造成的各项资产净损失（扣除保险赔偿及残值），还包括由此造成的停工损失和善后清理费用。

第五，公益救济性捐赠。它是指国内重大救灾或慈善事业的救济性捐赠支出。

第六，赔偿金、违约金。它是指企业因未履行有关合同、协议而向其他单位支付的赔偿金、违约金等罚款性支出。

（5）净利润。净利润又称税后利润，是指企业利润总额减去所得税后的金额。其计算公式如下：

$$净利润=利润总额-所得税 \qquad (1-11)$$

2.增加利润的途径

从利润总额构成可以看出，企业利润是销售量、单价、单位成本、期间费用、营业外收入等多个因素综合作用的结果。因而，增加利润的主要途径有以下几种：

（1）增加产量，提高质量，不断扩大销售。这是增加利润的根本途径。企业通过增加产量，提高产品质量，多生产适销对路的产品，充分地进行市场预测，扩大销售收入。

（2）挖掘潜力，降低成本。这是增加利润的重要途径。在扩大销售收入的前提下，成本费用的多少便是利润多少的决定因素。它们之间存在着此消彼长的关系。成本费用开支越大，利润越少；反之，成本费用开支越小，利润越多。

（3）合理运用资金，加速资金周转。这是增加利润的又一重要途径，即合理运用资金，使各种资金占有形态保持恰当的比例关系，加速资金周转。在资金占用总量不变的情况下，周转速度加快，销售收入增加，企业利润增加。

（三）利润分配管理

利润分配是指企业实现的利润总额经调整后，按照有关规定上缴所得税，提取盈余公积金、公益金，向投资者分配利润等活动。企业利润是生产者剩余劳动所创造产品价值的一部分，利润分配的实质就是利用货币形式对这部分产品进行分配。利润分配是一项政策性很强的工作，必须按照国家制定的有关法律法规、制度进行，兼顾国家、企业、投资者和职工各方面的经济利益。

利润分配制度作为财务管理体制的重要组成部分，随着财务管理体制的调整变化，在我国经历了一个曲折的演变过程。利润分配制度的长期改革与实践证明，无论是以利代税、以税代利还是利税承包，任何形式的税利合一，都存在弊端，不符合政企分开、经营权和所有权相分离的原则，"税利分流，税前还贷，按资分红"才是利润分配制度改革发展的方向。

1.利润分配的一般程序

（1）亏损的管理。企业一定时期的收入如果抵补不了支出，其差额表现为亏损。企业的亏损按性质不同可分为政策性亏损和经营性亏损两种。

①政策性亏损。政策性亏损是指企业因执行国家有关政策而发生的亏损。对于政策性亏损，经财政部门核定后，可实行定额补贴、亏损包干等办法，促使企业增产节约，增收节支，努力减少亏损。

②经营性亏损。经营性亏损是指企业因经营不善、管理混乱而造成的亏损。对于经营性亏损，原则上应由企业自行解决。根据《工业企业财务制度》的规定，企业发生的年度亏损，可以用下一年度的税前利润来弥补；下一年度不足弥补的，可以在 5 年内延续弥补；5 年内不足弥补的，用税后利润弥补。

（2）税后利润分配的管理。企业实现的利润总额，按照国家有关规定作相应调整后即应纳税所得额，应纳税所得额乘以适用税率即应纳所得税额，企业应依法缴纳所得税。除国家另有规定外，税后利润按下列顺序进行分配：

①弥补被没收的财物损失，违反税法规定支付的滞纳金和罚款。

②弥补企业以前年度亏损。

③提取法定盈余公积金。法定盈余公积金按照税后利润扣除前两项后的 10% 提取，盈余公积金已达注册资金 50% 时可不再提取。

④提取公益金。

⑤向投资者分配利润。企业以前年度未分配的利润，可以并入本年度向投资者分配。

对税后利润分配进行管理，应注意以下几个问题：

第一，企业以前年度亏损未弥补完，不得提取盈余公积金、公益金。盈余公积金是指企业从税后利润中形成的公积金，包括法定盈余公积金和任意盈余公积金。法定盈余公积金是企业按照国家有关规定，从税后利润中按规定比例提取的公积金。任意盈余公积金是企业出于经营管理的需要，根据董事会决定或公司章程自行决定，从当期税后利润中提取的公积金。

第二，在提取盈余公积金、公益金之后，方能向投资者分配利润。企业向投资者分配的利润由两部分组成：一是企业税后利润在按上述顺序分配后的剩余部分，二是企业以前年度未分配的利润。企业向投资者分配利润的方式，取决于企业的组织形式。

第三，股份有限公司利润分配的特殊性。股份有限公司税后利润在提取法定盈余公积金和公益金后，根据财务制度的规定，剩余利润按照下列顺序进行分配：①支付优先股股利。②提取任意盈余公积金。任意盈余公积金按照公司章程或者股东大会决议提取和使用。③支付普通股股利。上述规定表明，任意盈余公积金的提取，是在分配优先股股利之后，但在分配普通股股利之前；向投资者分配利润时，先向优先股股东分配，有剩余时再向普通股股东分配。

2.股利政策

股息和红利简称股利，它是股份公司从税后利润中分配给股东的部分，是股份公司对股东投入资本的一种回报。股利政策是指股份公司在确定股利及相关事项时所采取的方针和策略，它通常包括股利支付比率、股利支付方式、股利支付程序等内容。股利政策的核心是股利支付比率，它影响到股份公司股票在证券市场上的价格、筹资能力和积累能力。

（1）影响股利政策的因素

制定合理的股利政策，是股份公司利润分配管理的重要内容，也是一项难度较大的工作。股利政策是否合理，关系到企业的市场价值、再筹资能力以及将来的发展。影响股利政策的因素归纳起来主要有以下三个方面：

①法律因素。法律因素是指国家有关法律法规中关于股利分配的规定。概括起来主要体现在以下两个方面：

一是资本保全要求。为了保护投资者的利益，要求支付股利的资金只能是公司的当期利润或保留盈余，即不能因为支付股利而减少资本总额。

二是资本积累要求。企业在股利分配时，要求遵循积累优先原则，必须先按一定的比例和基数提取各种公积金。

②股东因素。股利政策最终须经董事会决定并由股东大会审议通过，所以企业股东的意见和要求也是影响股利政策的重要因素。股东因素主要表现在以下三个方面：

一是控制权的稀释。控制权为少数股东所掌握的公司，如果股利支付比率过高，留存收益将相应减少，公司将来要发展势必会通过增发股票来筹集资金，从而可能导致控制权被稀释或旁落他人。

二是避税。有的股东为减少股利的所得税支出，要求采用低股利政策，以期通过提高股票价格来获取更多的资本收益。

三是稳定的收入。有的股东依靠股利收入来维持生活，要求给予固定的股利收益。

③公司因素。公司因素是指企业的经营情况、财务状况等因素。主要表现在以下几个方面：

一是偿债要求。企业对外负债时，债权人为了降低债务风险，往往在贷款合同或企业债券上规定了企业支付股利的一些限制性条款。例如，规定每股股利的最高限额；规定企业的某些财务指标，如流动比率、利息保障倍数等达到安全标准才能支付股利；规定必须建立偿债基金后方能支付股利。

二是借债能力。如果企业借债能力强，在较短时间内就能筹措到所需的货币资金，即可采用高股利政策；反之，则应采用低股利政策。

三是资产的流动性。如果企业拥有大量的现金和流动资产，流动性较强，可以采用高股利政策；反之，则应采用低股利政策以降低财务风险。

四是资本成本。资本成本的高低是企业选择筹资方式的重要依据。与发行股票、债券、银行借款等筹资方式相比较，利用留存收益筹资具有资本成本低、隐蔽性强等优点。因此，如果企业发展需要大量资金，应采用低股利政策。

（2）股利政策的确定

合理确定股利政策，就是在综合考虑上述影响因素的基础上，在各种类型的股利政策中做出正确的选择。股份公司采用的股利政策通常有以下几种类型：

①固定股利政策。在该政策下，不论企业经营情况好坏，每期支付的股利固定不变，只有当预期未来盈余会显著不可逆转地增长时，方提高每期股利的支付额。企业采用该政策的主要目的是避免出现因经营不善而削减股利，树立良好的财务形象。该政策的主要缺点是股利的支付与企业盈利脱节，当盈利较低时仍要支付固定的股利，可能导致企业资金短缺、财务状况恶化。

②固定股利支付率政策。该政策亦称变动的股利政策，即企业每年按固定的比例从税后利润中支付股利。企业在各年间的利润是变动的，因而股利额也随之发生增减变动，这样就可以使股利的支付与企业盈利密切配合，体现多盈多分、少盈少分、不盈不分的原则。该政策不足之处是每年股利随企业盈利频繁变动，影响企业股票价格的稳定性，不利于树立企业良好的财务

形象。

③正常股利加额外股利政策。在该政策下，企业除按固定数额向股东支付正常股利外，当企业盈利有较大幅度增加时，还需向股东增发一定数额的股利。

④剩余股利政策。在该政策下，企业如果有盈利，首先应考虑满足投资的需要，只有在满足投资需要后有剩余，方能用来支付股利。

（3）股利支付形式。股利支付形式，常见的有现金股利、股票股利、财产股利、负债股利、股票重购等。根据国家发改委于1992年发布的《股份有限公司规范意见》的规定，股份公司支付股利可采用现金和股票两种形式。

①现金股利。现金股利是指用货币资金支付的股利。它是股份公司支付股利所采用的最普遍、最基本的形式，也是投资者最愿意接受的一种形式。企业采用现金股利形式，必须同时具备以下两个条件：要有董事会决定并经股东大会讨论批准；企业要有足够的留存收益和现金。

②股票股利。股票股利是指企业经股东大会批准同意，以发行新股方式支付的股利。采用股票股利形式，对于企业来讲由于不必支付现金，有利于更好地满足生产经营活动对现金的需要。对股东而言，由于股票股利不是股东的应税所得，可以享受免缴个人所得税的好处，而股东需要现金时，又可将股票售出以换取现金。

第二章　企业财务管理的应用

第一节　筹资管理

企业采用不同筹资方式筹集的资金，其使用时间的长短、资金成本的高低、财务风险的大小、附加条款的限制等均存有差异。企业选择筹资方式时需充分考虑其基本特点。

企业筹集的全部资金按权益性质可分为权益资金和债务资金两大类。

权益资金，亦称自有资本和自有资金，是指企业投资者投入并拥有所有权的那部分资金。投资者凭借对权益资金的所有权参与企业的经营管理和收益分配，并对企业的经营状况承担有限责任，企业对自有资金则依法享有经营权。根据资本金保全制度的要求，企业筹集的资本金在企业存续期内，投资者除依法转让外，一般不得以任何方式抽回。因此，企业自有资金具有数额稳定、使用期长和无须还本付息的特点，它是体现企业经济实力、增强企业抵御风险能力的最重要的资金。

债务资金，亦称借入资本或借入资金，是指企业债权人拥有所有权的那部分资金。债务资金是需要企业在将来以转移资产或提供劳务加以清偿的债务，会引起未来经济利益的流出。企业的债权人有权按期索取本息，但无权参与企业的经营管理，对企业的经营状况也不承担责任。由于借款利息可以在成本中列支，企业可因此获得免税收益，但因需按约付息、到期还本，企业会面临财务风险。

一、权益资金的筹资方式

权益资金的筹资方式主要有吸收直接投资、发行普通股、发行优先股、发行可转换证券筹资、发行认股权证等。

（一）吸收直接投资

吸收直接投资是指企业以协议等形式吸收国家、法人及个人直接投入资金的一种筹资方式。吸收直接投资不以股票等证券为媒介，一般适用于非股份制企业筹集资本金。

1. 吸收直接投资的优点

①可提升企业信誉。吸收直接投资增加了企业的权益资金，意味着企业的实力增强，提升了企业的信誉和借款能力，有利于将来经营规模的进一步扩大。②能尽快形成生产能力。吸收直接投资的法律手续相对简单，因而筹资速度较快。而且不仅可以筹集到现金，还可以直接取得所需的先进设备和技术，使企业能尽快形成生产能力，尽快开拓市场。③财务风险较小。吸收直接投资是要根据企业的经营状况向投资者支付报酬的，效益好多付，效益差则少付，比较灵活，没有固定偿付的压力，故财务风险小。

2. 吸收直接投资的缺点

①筹资成本较高。由于直接投资的投资者承担的风险较大，要求的投资回报率也较高，企业因此支付的资金成本也较高，在企业经营效益好的情况下更是如此。②不利于企业的经营运作。一方面，吸收直接投资不以证券为

媒介，涉及产权转让的一些资产重组事项时难以操作，容易产生产权纠纷。另一方面，各投资者都拥有相应的经营管理权，企业的控制权因此被分散，不利于企业的统一经营管理。

（二）发行普通股

股票是指股份有限公司为筹集自有资本而发行的有价证券，是持股人用来证明其在公司中投资股份的数额，并按相应比例分享权利和承担义务的书面凭证，它代表持股人对公司拥有的所有权。股票持有人即公司的股东。

普通股是股份有限公司发行的无特别权利的股份，是指代表着股东享有平等权利、不加以特别限制、其收益取决于股份有限公司的经营效益及所采取的股利政策的股票。发行普通股是股份有限公司筹集资本金的基本方式。

1.普通股股东享有的权利

①公司管理权。普通股股东在董事会选举中有选举权和被选举权。经选举的董事会代表所有股东行使公司管理权。②盈余分配权。普通股股东按其所持股份的比例参与盈余分配，取得股利。③股份转让权。普通股股东持有的股份可以自由转让，但必须符合相关法律法规和公司章程规定的条件和程序。④优先认股权。公司发行新股时，现有普通股股东有权优先按比例购买，以便保持其在公司中的权益比例。⑤剩余财产要求权。当公司解散清算时，普通股股东有权要求取得剩余财产，但这种权利的行使必须在公司剩余财产变价收入清偿了债务和优先股股本之后。普通股股东同时需承担相应的责任，主要是以出资额为限对公司的债务承担有限责任。

2.普通股筹资的优点

①没有固定的到期日，不需要归还。发行普通股筹集的资金是公司永久

性使用的资金，只要公司处于正常经营状态，股东就不能要求退回股金。只有在公司解散清算时，股东才能要求取得剩余财产。这对满足公司对资金的最低需求、保证公司资本结构的稳定、维持公司长期稳定经营具有重要意义。②没有固定的股利负担。向普通股股东支付股利不是公司的法定义务，股东的股利收益高低一方面取决于公司的经营业绩，另一方面还受制于公司的股利政策。公司分配股利的一般原则是"多盈多分、少盈少分、不盈不分"，显然不会构成公司固定的股利负担，经营波动给公司带来的财务负担相对较小，公司的现金收支因此也有很大的灵活性。③筹资风险小。由于普通股筹资没有固定的到期还本付息的压力，股利只是在盈利的情况下才需要支付，不是公司的法定费用支出，因此普通股筹资实际上不存在不能偿付的风险，筹资风险小。④提升公司的举债能力。普通股筹资形成的资本是公司的自有资金，反映了公司的资金实力，可为债权人权益提供保障，使公司更容易获得债务资金。因此，普通股筹资能提升公司的信誉和举债能力。⑤容易吸收资金。人们一般认为投资普通股的收益高于其他投资方式，并且在通货膨胀时期，普通股的价值也会上涨，不致贬值。因此，普通股比债券更受投资者欢迎，发行普通股容易吸收资金。

3. 普通股筹资的缺点

①资本成本较高。从投资者的角度看，投资普通股风险较高，相应地，也要求有较高的投资报酬率，为此公司支付的普通股股利一般要高于债务利息。从发行公司来看，普通股股利从税后利润中支付，无抵税作用。此外，普通股的发行费用一般也高于其他证券。②稀释公司的控制权。当公司增资发行新股时，新股东的加盟势必稀释老股东对公司的控制权。老股东若想维

持原有的控制权，就必须动用大量资金来购买新股。③可能引发股价下跌。由于普通股具有同股、同权、同利的特点，当公司增资发行新股时，新股东将分享公司发行新股前积累的盈余，降低普通股的每股净收益，从而可能引发普通股市价下跌。

（三）发行优先股

优先股是相对于普通股来说具有某种优先权的股票。发行优先股一方面不需要偿还本金，是公司自有资本的一种筹集方式；另一方面按固定利率支付股利，又具有债券的一些特性。

1. 优先股股东享有的权利

相对于普通股股东而言，优先股股东的优先权主要体现在两个方面：一是优先分配股利。当公司分配利润时，首先分配给优先股股东，只有在付清了优先股股利之后，才能支付普通股股利。二是优先分配剩余财产。当公司解散清算时，在还清债务后，剩余财产首先向优先股股东偿付其股票面值及累积的股利，如还有剩余，再分配给普通股股东。但在一般情况下，优先股股东不能参加股东大会，没有选举权和被选举权，也不能对公司的重大经营决策进行表决，只在涉及优先股股东权益问题时有表决权。

2. 优先股筹资的优点

①无固定还本负担，并能形成灵活的资本结构。利用优先股筹资，没有固定的到期日，不用偿付本金，实际上相当于得到一笔永续性借款，使公司既获得了稳定的资金，又不需要承担还本义务，减少了财务风险。同时，优先股的种类很多，公司可通过发行不同种类的优先股来形成灵活的资本结构，也可以使公司在资金使用上更具弹性。如公司发行可赎回优先股，则有利于

结合资金需求灵活掌握优先股的资金数额，并能调整资本结构。②股利支付有一定的弹性。虽然优先股的股息率是预先确定的，一般而言，公司须支付固定的股利。但固定股利的支付并不构成公司的法定义务，如果公司财务状况不佳，可以暂时不支付优先股股利。③提高公司的举债能力。发行优先股所筹集的资金，与普通股筹集的资金一样是公司的自有资金。优先股资金的增加，可以提高公司权益资金比例，提升公司的资金实力和信誉，提高公司的举债能力。④可使普通股股东获得财务杠杆收益。由于优先股股东按票面面值和固定的股息率取得股息，所以当公司的权益资金收益率高于优先股股息率时，发行优先股筹资就可以提高普通股的资金收益率，普通股股东因此获得财务杠杆收益。⑤保持普通股股东的控制权。由于优先股股东没有表决权和参与公司经营的决策权，因此发行优先股筹资对普通股股东的控制权没有任何影响。如果公司既想筹措主权资本又不愿意分散公司的控制权，利用优先股筹资不失为一种恰当的选择。

3. 优先股筹资的缺点

①资金成本较高。优先股的股息率一般高于债券利息率，并且优先股股息是用税后利润支付的，不能抵税，增加了公司的所得税负担，所以利用优先股筹资的资金成本虽低于普通股，但高于债务资金的成本。②可能形成固定的财务负担。相对于借入资金筹资方式而言，尽管发行优先股筹资具有"股利支付有一定的弹性"的好处，但一般情况下公司仍须尽力支付优先股股利，从而形成相对固定的财务负担。因为股利的延期支付有可能损害公司的财务形象，导致普通股股价下跌，给公司的生产经营和以后的筹资带来障碍。此外，优先股股东的优先权还增加了普通股股东的风险。③可能产生负财务杠

杆作用。当公司的权益资金利润率低于优先股股息率时，发行优先股筹资，就会降低普通股的资金收益率，普通股股东因此遭受财务杠杆损失。

（四）发行可转换证券筹资

可转换证券是指可以按发行时所附的条件转换成其他类型证券（通常为普通股）的证券，如可转换优先股、可转换债券等。其中，较为常见的是可转换债券，即在特定的时期和条件下可以转换成普通股的企业债券。这种转换并不增加公司的资金总量，但改变了公司的资本结构。

可转换证券的转换价格、转换比率、转换期限及相关条款等基本内容在发行可转换证券时已明确规定。转换价格是指可转换证券转换为普通股时股票的价格；转换比率是指每一张可转换证券所能换得的普通股股数；转换期限是指可转换证券持有者行使转换权的有效期限。转换比率与转换价格的关系可用下面的公式表示：

$$转换价格=\frac{可转换证券面值}{转换比率}$$

1.可转换证券筹资的优点

①可降低资金成本。由于可转换证券附有转换权，投资者从中可能获得转换利得，并且投资风险相对较小，因此公司能够以低于普通证券利率的利率发行可转换证券，使得可转换证券转换前的资金成本比普通证券要低。另外，当可转换证券转换成普通股时，其转换成本比直接发行普通股的发行成本也要低得多。②有利于调整资本结构。可转换证券在转换前是公司的负债资金或优先股资金，转换后是公司的普通股资金。投资者行使转换权后，虽然没有增加公司的资金总额，但公司的资本结构发生了变化。尤其是可转换

债券转换后，公司的债务资金减少，自有资金增加。负债比例的下降也降低了公司的财务风险，改善了公司的资本结构。

2. 可转换证券筹资的缺点

①可转换证券转换后即丧失了资金成本低的优势。可转换证券转换前是债券或优先股，公司只需支付较低的利息或股息；转换后是普通股，公司需支付较高的股利，成为资金成本高的资金。②可转换债券转换失败时，偿债压力大。大多数公司发行可转换债券的初衷是筹集主权资金，而不是债务资金，即希望投资者行使转换权。如果发行公司经营状况不佳，普通股市价没有如期上扬，投资者就将放弃转换权而要求公司偿债，造成发行公司沉重的偿债压力。③转换价格难以合理确定。由于普通股未来市场价格的变化无法准确预测，发行公司因此难以合理确定可转换证券的转换价格。如转换价格过高，容易导致转换失败，使发行公司的预期筹资目标难以实现；如转换价格过低，不仅与发行新股相比所筹资金要少得多，还会损害原股东的利益。

（五）发行认股权证

认股权证是指由股份有限公司发行的，允许持有者在一定时期内以预定价格购买一定数量该公司普通股的选择权凭证。认股权证是一种认购股票的期权，是股票的衍生工具。认股权证可以随公司其他证券一起发行，也可以单独发行。

发行认股权证时需确定其认购期限、认购数量、认购价格及相关条款等。认购期限是指认股权证持有人可以随时行使其认股权的有效期限；认购数量是指每一张认股权证可以认购的普通股的股数；认购价格是指认股权证持有人行使认股权购买普通股的价格。

1. 认股权证筹资的优点

①降低筹资成本。当认股权证附在债券上一起发行时，公司为附认股权证债券支付的利率低于普通企业债券，从而降低了债券筹资成本。投资者虽然暂时牺牲了一些利息收入，但得到了一项权利，这项权利可能使他未来获得的股票溢价收益超过他所牺牲的利息收入。因此附认股权证债券对投资者也很有吸引力。②增加筹资的灵活性。股份有限公司发行认股权证后，如果公司发展顺利，一方面，公司股价会随之上升，促使认股权证持有者行使认股权。另一方面，公司对资金的需求也会增加，认股权的行使正好为公司及时注入大量资金。反之，如果公司不景气，公司不会有新的筹资需求，股价呆滞也会使认股权证持有者放弃认股权。③保护原股东的利益。股份有限公司在利用认股权证对原股东配售新股时，可使一些没有认购能力或不打算认购新股的股东有机会将优先认股权转让，从转让认股权证中获利，并促使股票价格提高，从而有效地保护了原股东的利益。同时新股认购率也会提高，使公司的股票能顺利发行。

2. 认股权证筹资的缺点

由于认股权的行使不是强制的，认股权证持有者是否行使、何时行使该权利，公司无法预先确定。因此公司很难控制资金的取得时间，这会给公司有效安排和使用资金带来困难。

二、债务资金筹资方式

债务资金筹资方式主要有银行借款、发行企业债券和融资租赁等。

（一）银行借款

银行借款是指企业向银行或其他非银行金融机构借入的各种借款。按借款期限的长短可分为长期借款和短期借款。办理银行借款时，企业与银行之间要签订借款合同，以明确借贷双方的权利和义务。借款合同中应包含借款金额、借款期限、还款方式、借款利率及利息支付方式、借款担保等基本条款，还要包括对贷款企业的一些限制性条款。

1. 银行借款筹资的优点

①筹资速度快。企业采用发行股票、债券等方式筹资，需做好发行前的各项准备工作，而且证券发行也需要一段时间，一般耗时长，程序复杂。而银行借款只需通过与银行谈判即可取得，所需时间较短，程序较为简单，资金获得迅速。②资金成本低。银行借款直接从银行取得，筹资费用较少，银行借款利率一般也低于长期债券利率，其利息费用也可在税前列支。因此，银行借款比债券筹资的成本更低。③筹资弹性较大。企业与银行可以通过直接商谈确定借款的数额、时间和利率等。在借款期间，如果企业的情况发生变化，也可再与银行协商变更某些条款。而股票和债券等筹资方式是面向广大社会投资者的，协商改变筹资条款的可能性很小。④可产生财务杠杆作用。使用银行借款筹资的企业只需支付固定的利息，当企业的利润率高于借款利率时，能发挥财务杠杆的作用，使所有者从中获得差额利润，从而提高所有者的收益水平。

2. 银行借款筹资的缺点

①筹资风险较高。企业向银行借款，必须定期还本付息，企业不景气，可能会产生不能按期偿付的风险，甚至可能导致破产。②限制性条款较多。

这些限制性条款使企业在财务管理和生产经营等方面受到某种程度的限制，约束了企业以后的筹资、投资及经营活动。③筹资数量有限。为了降低贷款风险，银行一般对企业借款的数额会有一定的限制，无法满足企业筹集大量资金的需要。

（二）发行企业债券

企业债券又称公司债券，是指企业依照法定程序发行的、约定在一定期限内还本付息的有价证券。债券本质上是一种公开化、社会化的借据，是发行者为筹集资金向社会借钱。债券的基本要素包括债券面值、债券期限、债券利率和债券价格。

企业债券的持有者有权按约定期限取得利息、收回本金，对企业的盈亏不承担责任，有权将债券转让、抵押和赠送；但无权参与企业的经营管理，也不参与分红。

1. 债券筹资的优点

①资金成本较低。企业债券的利息通常低于优先股和普通股的股息和红利，利息费用还可作为经营费用在税前成本中列支，具有减税作用。且与发行股票筹资相比，债券的发行费用也要低得多。因此，债券筹资的资金成本低于股票筹资。②能产生财务杠杆作用。发行债券的利息费用是预先约定的固定成本，当企业的资金利润率高于债券利息率时，采用债券筹资会增加所有者收益水平。③可保障股东的控制权。债券持有人的权利仅是按期收回债券本息，没有表决权，更无权参与企业的生产经营管理。因此，债券筹资对股东的控制权基本上没有影响，可避免普通股筹资稀释企业控制权的缺陷。

④便于调整资本结构。如果企业发行的是可转换债券，当债券持有人行使转换权时，这部分债务资金便转化为权益资金；如果企业发行的是可赎回债券，当企业资金充裕时，企业可及时赎回债券，这样既减轻了企业的利息负担，又降低了债务资金比例，企业的财务风险也随之降低。因此，可转换债券和可赎回债券的发行有利于企业主动、合理地调整资本结构。

2. 债券筹资的缺点

①财务风险较高。债券本息是企业固定的财务负担，当经营状况不佳时，企业可能遇到无力支付债券本息的财务困难，有时甚至会面临破产清算。同时，由于必须定期还本付息，企业要定期准备充足的现金，这加重了对企业资金平衡的要求。②可能产生负财务杠杆作用。企业债券的资金成本是固定的，当企业经营不善以至于资金利润率低于债券利息率时，采用债券筹资会降低所有者收益水平。③限制性条款较多。为了有效保护债券持有人的权益，发行企业债券的契约中附有许多限制性条款，这些条款限制了企业财务应有的灵活性，可能有损企业的正常发展及未来的筹资能力。另外，企业债券的筹资数量也受到相关法规的限制。

（三）融资租赁

租赁是指出租人（财产所有人）在契约或合同规定的期限内，将租赁物的使用权和一定范围内对租赁物的处分权让渡给承租人（财产使用人），同时按期向承租人收取租金的经济行为。融资租赁也称为财务租赁、资本租赁，是由租赁公司按照承租方的要求出资购买设备，在较长的契约或合同期内提供给承租方使用的一种信用业务。融资租赁的主要目的是筹资，它是一种将筹资与融物相结合，带有商品销售性质的租赁形式。

融资租赁的租赁期一般超过租赁资产有效使用期的 50%，是长期且比较固定的租赁业务；融资租赁合同一经签订，在租赁期间双方均无权中途解约；由承租方负责租赁资产的维修、保养和保险；资产所有权在租赁期满时一般有留购、退租和续租三种选择，承租方大多采用留购的处置方式，这样可以免除租赁公司处理设备的麻烦。

1.融资租赁筹资的优点

①能迅速获得所需资产。租赁是一种兼融资与融物于一体的筹资方式，相当于在取得购买资产所需要的资金的同时，用这笔资金购买了资产。这显然比先筹资后购置资产的方式更迅速、更灵活，能使企业尽快形成生产经营能力。②筹资限制少，灵活性强。企业发行股票、债券筹资时，需要经过严格的资格审核，运用长期借款筹资时，往往也要受到许多限制性条款的制约。租赁中出租方对承租方的限制和要求则较少。有些企业由于种种原因，如负债比率过高、银行借款信用额度已用完、资信较弱等，不容易进一步举债筹集资金。这时可采取租赁形式，在不必支付大量资金的情况下就能得到所需资产，既可以解决企业的筹资困难，又达到了全额筹资的目的。③能保持资金的流动性。在租赁方式下，企业不必一次性支付大量现金用于购置资产，从而保持了资金的流动性。租金是在整个租赁期内分期支付的，分散了企业不能偿付的风险。而且租金可在税前扣除，减少了承租方的所得税支出。

2.融资租赁筹资的缺点

①筹资成本高。租赁的租金一般包括资产价款、资金利息、租赁手续费及出租方合理的报酬，其筹资成本显然要高于债券和借款等筹资方式。②固

定债务增加。承租方在租赁期内需要定期向出租方支付一笔租金，这无疑给承租方带来了固定偿债压力，尤其是在企业财务状况不好时。

第二节　投资管理

一、股权投资管理

随着经济体制改革的不断深化，我国企业进入了新的发展时期。如何充分利用这一良好的发展机遇助力自身发展成为企业最为关心的问题。企业若要实现紧抓机遇的目的，首先要加强资金管理。毕竟资金是企业的血液，是开展一切经营活动的基础，更是企业扩大业务规模、增强经营稳定性不可或缺的支柱。为了实现对资金的高效利用，企业采取了种种方式，股权投资就是其中较为有效的一种。通过股权投资，企业既能够盘活闲置资金，又能增强对被投资企业的控制力度，从而实现资金的最大化利用；同时，企业也要在一定程度上承担被投资企业的经营风险。也就是说，股权投资有利有弊。为了扩大有利的影响，规避不利影响，企业需要对股权投资展开深入的研究，明确管理关键点，找到强化股权投资的有效措施。

（一）股权投资概述

股权投资是指企业通过资金注入、无形资产投入等方式直接投资其他企业，或者以购买其他企业股票的形式取得被投资企业的股份，其最终目的是获得更高的利益。企业进行股权投资时，需要遵循三个原则：一是安全效益原则。虽说风险与收益并存，企业的投资活动必然会伴随风险，但在进行股权投资时，需要避免涉足高风险行业，对于风险不可控、收益难评估的项目也要加以规避，也就是说，要以安全性强、收益率高为投资前提。二是规模适度原则。股权投资一般都是长期投资，所需投入的资金数额较大、回报周期较长，在资金回笼期间容易出现不可控因素，导致投资回报率下降，甚至会影响企业正常运转，因此在进行股权投资时需要控制投资规模，比如，股权投资总额应限制在净资产的 50% 以下。三是规范效率原则。制定股权投资决策需要严格按照企业相关程序规定进行，所需开展的调查、留存的资料等均需完善；同时要提高各环节的工作效率，避免因效率低下而错过最佳投资时机，导致前期进行的分析论证失去参考意义。

（二）股权投资的必要性

1. 是提高资产利用率的需要

随着企业发展壮大，其所拥有的资产总额也在不断提升。不论是现金流等有形资产，还是技术、人力等无形资产，企业在自身发展过程中容易出现对其使用率不高的情况，导致或是存在一些闲置资产，或是用于自身业务所获取的收益不高。这种投入产出比低下的情况实质上是对企业资产的浪费，因而需要找到更科学的资产使用方式来提高资产利用率，股权投资就是行之有效的方法。具体来说，企业通过市场调研、考察等方式明确适合投资的企业，然后投入适量资产以取得相应股份，如此便可以通过被投资企业的生产经营取得相应收益。这种方式可以将企业的资产用在投入产出比最高的地方，使企业获得最理想的收益。由此可见，股权投资是企业提高资产利用率的需要。

2. 是分散风险的需要

企业所能开展的自营业务的种类、规模等都是有限的，而且业务经营过程中所产生的风险全部需要自己承担，这对企业来说是较为不利的。因为若是企业实力不够雄厚、业务不够稳定的话，一旦相关市场产生波动，发生不利于企业经营的变动，就有可能影响其经营状况。因此，企业必须学会分散风险。只有将经营过程中可能遇到的风险零散化，才能在一种业务出现问题时有另一种业务做支撑，以确保企业经营顺利开展。股权投资就是企业分散风险的一种方式。通过股权投资，企业可以对内部资源进行再调配，在确保自营业务稳定发展的前提下，将额外的资产进行投资，可以涉足一些低风险、高收益的行业，既实现企业业务种类的多元化，又能提高业务弹性和风险适应性，降低风险发生率和不利影响。

3. 是提高市场控制力的需要

对于企业来说，其必定是处在产业链的某一环节，有与其相关联的上下游企业，各个企业之间有着紧密的利益联系，一旦上下游企业发生变动，或是经营状况出现问题，或是二者之间合作不够顺利，都会影响企业自身的发展运营。比如，原材料供应商延迟供货、供货品质不达标等，都会导致企业利益受损。因此，企业若要确保经营业务稳定，就必须加大对相关市场的控制力度。进行股权投资则是企业提高市场控制力的有效手段。这是因为通过对上下游企业进行股权投资，企业可以取得其一定的股权。根据股权多少，企业所拥有的掌控力度也是不同的。比如，企业若是拥有足够的股权，则有权决定被投资方的经营决策，使之做出最有利于企业的决策；若是企业拥有的股权有限，那么可以对被投资方施加一定压力，使其在制定决策时将企业的利益考虑在内。

4. 是调整资产结构、增强企业资产流动性的需要

股权投资是以获取被投资企业股份的模式进行的，所以其标的主要是股份，特别是可在资本市场上自由交易的股份，其流动性很强，上市公司的股票是随时可以进行自由交易的。因此，当企业有投资计划且有相应资金时可以通过评估买入合适企业的股票，而在需要资金时或者是发现所投资企业股票走势预期不好时，又可以随时将股票卖出获得现金。这样既有利于增强企业资产的流动性，又可以使企业的闲散资金获取高收益；既不会因为股权投资而影响企业资产的变现能力，又可以调整优化企业的资产结构。

（三）加强股权投资管理的措施

1. 加强人才培养

人才是企业最宝贵的财富。企业在分析考察市场、制定经营决策时，除了依靠全面的信息资料，最重要的是依靠高水平的人才，只有高水平的人才，才能充分利用企业所收集的信息资料，使企业的经营决策取得理想的效果。而股权投资本身就是一项较为复杂且关系重大的决策事项，必须有专业人员的参与，因此，若要加强股权投资管理，首先要做的就是加强人才培养，保证所做每一项决策的合理性，减少风险。一方面，是理论培养，即通过专家讲授、案例分析、情景模拟等方式开展培训课程，通过培训提高工作人员的理论知识水平，并使其熟悉每个操作环节的关键事项，为实际操作奠定基础。另一方面，要增加工作人员的实际工作经验，这就要求企业在开展培训时，必须保证所学课程、知识和具体工作有着高度契合性；培训结束后，企业要为参培员工提供应用培训所学知识的机会，使其能够将所学知识尽快应用于

具体工作中，提高其实际操作水平。此外，企业应该着重培养工作人员的市场敏感性、信息分析能力以及全局观念，使其能够及时捕捉到市场变化所传递出来的信息，并做好下一阶段的预测，确保能够从足够的高度进行股权投资相关分析。

2. 坐实可行性研究

可行性研究是企业进行股权投资前必须进行的工作，而且至关重要。这是因为一项股权投资决策是否制定和执行，关键是要参考可行性分析报告。通过此报告，可以了解此项投资的资产投入、效益回报、回报周期等种种信息，明确可行性高低，再结合企业的实际情况、需求等做出最终决策。一旦可行性研究浮于表面、流于形式，不能反映最为真实的情况，那么最终报告的科学性就有待商榷，可参考价值就不大了。鉴于此，需要坐实可行性研究。首先，企业在投资前必须进行深入的市场调查，从多个维度了解拟投资行业乃至相关行业的发展现状、趋势及经营业绩等，收集足够的市场信息以作后续分析的支持性材料。其次，要做好敏感性分析，对拟投资行业和产品相关的影响因素进行深入分析，包括国家政策、技术发展、替代产品、行业周期等，通过对相关影响因素的分析洞悉行业和产品的未来发展趋势，预先考虑股权投资过程中可能出现的问题或遇到的风险等，并制定有效的应对措施，判断投资的可行性。最后，要深入了解拟投资企业的真实情况，包括经济实力、科研实力、人力资本等，确保企业的可行性分析是在知悉拟投资企业真实情况的前提下进行的，避免因股权投资而面临风险。

3. 合理设置治理结构

企业的发展状况与被投资企业的治理结构密切相关，若是被投资企业的治理结构不利于股东，那么企业进行股权投资后也无法获得预期收益，一旦被投资企业出现经营问题，企业还要面临相应风险并承担损失。因此，对被投资企业治理结构的确定，需要以股东风险最小化、利益最大化为原则，而这就需要明确企业对被投资企业的控制程度，是实际控制还是仅参股。若是非实际控制而仅为参股，那么控股比例最好限制在40%以下，防止投入大量资金却没能实际操控被投资企业的经营决策，反而要承担极大风险的情况发生。另外是科学设置决策机制，尤其是股东大会、董事会等会议机制的确定，若是实际控制，那么要慎重分配决策权力，避免出现制定决策时被小股东牵制的情况；若是仅参股，则要关注一票否决权的设计方案，明确企业是否有一票否决权。同时企业要形成科学的投资决策体系，对股权投资项目做出的决策要在可行性研究的基础上，集思广益，保证做决策的组织层级科学合理，提高决策的合理性。

4. 建立并完善风险预警机制

所谓的风险预警机制，不仅是针对投资风险，还有股权投资阶段的筹资风险等。完善有效的风险预警机制可以帮助企业更好地规避风险，或及时化解风险。首先，企业自身应该有完善的风险预警机制，全面做好企业经营运转过程中所面临的各类风险的预警工作，在触发预警警戒线时及时做出反应，避免发生风险或影响范围扩大。其次，企业要在被投资企业里也建立风险预警体系，特别是在拥有绝对控股权的情况下，这样可以实时监督所投资股权项目的运营情况，能够在被投资企业出现不利变化时迅速进行调整，避免股权投资项目出现损失甚至是更坏的局面。最后，做好风险识别和评估工作，从专业角度加强对风险的识别，并合理评估风险发生的可能性及影响，在企业风险可承受范围内建立完善的风险预警红线，发挥风险预警机制的作用。

综上所述，企业进行股权投资既是提高资产利用率的需要，也是分散风险、提高市场控制力的需要。在进行股权投资时，企业要遵循安全效益、规模适度和规范效率三个原则。为了加强股权投资管理，提高投资的科学性，企业可以采取加强人才培养、坐实可行性研究、合理设置治理结构、建立并完善风险预警机制等措施，不断提高企业股权投资的科学性以及管理的有效性，保障股权投资的收益性。

二、项目投资管理

企业可以通过项目投资提高经济效益，推动自身长久发展。对项目投资管理进行重点研究分析是当前企业发展规划的重点课题。

（一）项目投资管理面临的新局面

1.项目融资难度逐步加大

在过去传统的投资模式下，项目的建设资金主要来自企业自有资金、贷款等，在项目建设完成后，通过后续运营管理取得项目收益。但是，受近年来国际宏观经济下行压力加大、国内投资放缓等因素的影响，项目建设面临的融资压力逐步增加。单纯依靠银行贷款势必增加企业的资产负债率，甚至妨害企业日常生产经营。如何完善融资渠道，盘活企业资产，是对企业投资项目管理提出的新挑战。

2.项目的经济效益低于预期

项目的经济效益主要取决于项目投资概算与后续运营管理。例如，项目受建设工期较长的影响，人工、原材料成本增加，加之个别项目设计变更较多等，会导致项目的实际投资远超项目概算，致使项目的总体收益低于预期；同时，也存在由于运营管理成本居高不下、项目重复建设分流市场等因素，个别项目的运营收益低于预期，项目的经济效益受到负面影响。

（二）加强项目投资管理的意义

1. 有利于改善企业的资本结构

对于企业而言，自有资本、企业成立时投入的资金以及企业投入运营后产生的收益等资产，均为企业可用的投资资源。企业单纯依靠自身资源完成项目投资，既不利于企业的日常生产经营，又无法做到对内外部资源进行有效利用，而单一的银行贷款融资模式也越来越无法满足企业的投资需求。在新的环境下，丰富融资渠道，完善融资方案，不但有助于推进企业新上项目的建设，还可以为企业的正常运行提供保障。不仅如此，企业还可以借助融资管理，将固定资产转变为流动资金，有效提高市场信誉，从而利用短期贷款筹措资金，之后将这些资金投入企业其他项目的建设和经营过程中，改善企业的资本结构。

2. 有利于完善企业的管理制度

对于企业来说，企业的长远发展离不开完善的管理制度。加强企业投资项目管理，倒逼企业完善管理制度，有利于企业防范项目风险，降低项目管理成本，提高项目后期的运营效率，增加项目未来的收益，更好地实现项目的经济效益目标。同时，完善的内控制度与核算管理制度可以为项目落地、企业确立合理的投资计划提供参考信息，进而提升企业内部管理决策的科学性。

（三）项目投资管理的措施

1.企业的投资项目与发展战略相匹配

企业的发展一方面依靠日常生产经营，另一方面依靠扩大生产规模、并购标的企业实现资本扩张。企业的投资标的项目必须与企业的发展战略相匹配，与企业的主业发展相适应，将有限的资源投入更加契合企业发展的项目中。在跨行业投资时审慎论证，深入做好行业研究与风险控制工作，实现企业滚动发展。新时期市场经济复杂多变，在新的投资环境下企业要寻找适合企业发展的投资标的，论证对项目实施的影响，实现生产经营与项目投资双轮驱动企业发展，为企业长久发展提供持续动力。

2.健全企业金融投资预算管理体系

当企业规模发展到一定程度，最大的风险并非来自日常经营，而是在于企业盲目扩张导致的资金链断裂。企业投资项目的论证前提在于企业的融资能力及企业现金流的承受能力。在企业投资项目决策时，需对企业的投资能力给予准确的判断，避免项目投资影响企业的经营性现金流，切实规避盲目投资、过度扩张。因此，健全企业的投资预算管理体系，能够为企业的投资管理提供重要支撑。具体措施如下：首先，培养企业财务和管理人员形成良好的投资管理理念。当前我国市场经济发展日新月异，管理人员只有具有敏锐的市场嗅觉，才能为企业投资规划指明方向，所以企业需要建立健全的投资预算管理体系，提升资金综合投资利用率。其次，加强企业内部资金预算管理，保证资金预算科学、合理、高效、规范。最后，对企业投资预算责任机制进行完善，在该机制的作用下，预算行为的相关责任落实到个人，结合相应的奖罚制度，能够促使预算人员明确工作重点，强化个人责任意识，提高预算管理体系的有效性。

3. 做好企业投资计划

投资计划是投资项目落地的指导总纲，是企业短期投资行为的实施方略。年度投资计划的编制是年度投资行为的前提与基础。企业针对投资能力、投资风险、收益测算等事项进行系统分析，根据企业的资金承受能力，选取与现阶段企业发展契合度最高的项目，适当舍弃与企业发展不适应的项目，编制年度投资实施方案，确保投资计划符合企业经营需求，做到企业投资有的放矢。

4. 实现投资项目全过程管理

在项目投资管理过程中，企业除了对传统项目建设过程的管控，要更加注重项目全过程管理。所谓投资项目全过程管理，是指对投资项目从项目论证阶段开始，到项目建设实施、竣工验收、生产经营为止的全生命周期管理，主要分为项目事前决策、项目事中控制、项目事后管控。项目事前决策主要指从项目所处行业、企业投资能力、项目收益分析、项目风险论证等各个方面全面考察项目，对项目是否开展进行准确的判断。项目事中控制主要是针对项目投资概算、项目实施进度、项目建设质量等方面，从资金、节点、质量三个角度对项目建设进行管控。项目事后管控主要是对项目竣工验收并转产运营后的经营效益进行分析，与项目决策阶段的效益论证进行对比，验证项目效益是否达到预期，如未达到预期，审查相关原因，并提出具有针对性的改善方案。为了实现项目全过程管理，要针对各个环节制定对应的管理办法，严格奖惩机制，这样，通过项目全过程管理，切实实现企业投资对企业发展的持久驱动作用。

5. 提升企业内部投资团队的业务水平

首先，强化投资团队的宏观意识，注重国家政策变化对项目的影响。在市场经济中，投资行为会受到国家宏观调控的影响，因此企业需明确国家当前的政策，思考企业发展与政策的契合点。其次，完善激励机制与考核机制。一方面，制定切实可行的激励措施，综合考虑物质激励与精神激励相结合，增强团队的凝聚力。另一方面，严格落实项目考核措施，增强投资团队对于项目实施的责任心，多措并举，提高团队的投资效率。最后，始终保持团队的学习能力。外部环境的复杂多变，对企业投资项目的选择与落地提出了更高的要求，这就要求投资团队始终保持学习能力，接受新鲜事物，探索潜在的发展机遇，从而对项目进行合理判断，提升投资团队的业务水平。

综上所述，随着信息时代的到来，项目投资管理将会面临不一样的风险和机遇。在竞争日益激烈的环境下，要想推动企业长足发展，企业应该充分意识到投资管理的重要性，丰富企业的融资渠道，做好企业的投资计划，实现投资项目全过程管理，强化企业内部投资团队的业务水平，助力企业健康稳定发展。

第三节　成本管理

任何经济活动都会涉及成本，成本直接影响最终的收益，是企业经济活动中需要考虑的关键因素之一。成本管理则是在着眼企业全局的条件下，从各个环节对生产成本进行控制和管理。一个企业的正常运作涉及多个环节，每个环节都会产生一定的成本，最终的盈利额要在销售额里扣除成本，因此成本越低，企业的效益才会越好。

　　大部分企业已经认识到了成本管理的重要性，在企业的运行过程中也采取了一定的手段控制成本，但是从整体上而言，我国企业的成本管理仍存在一定的问题。首先，观念比较落后。在一些人的观念里，成本管理就是一味地减少成本，甚至不惜牺牲产品质量和品牌声誉。实际上，这种做法往往得不偿失，损害了企业的形象。其次，企业预算管理不到位。在一些工程和项目的开展过程中，企业没有贯彻落实预算管理，最终使成本与预算相差太远，减少了企业的最终效益。最后，企业的成本管理工作不科学，造成相应信息无法匹配现实情况，与市场实际脱轨。在这种问题的影响下，企业成本管理发挥的作用有限，因此，必须创新现有的企业成本管理方式，才能推动企业跨越式发展。

一、创新成本管理观念

　　实践证明，传统的成本管理观念已难以适应当前的市场环境，必须转变思维，不断求新求变，开拓创新，才能做好成本管理工作。首先，应当树立全面成本观念。在以往的观念中，所谓的成本只包括生产产品所需要的成本，这是最直接的成本，但成本远不止这些。产品的开发、生产、运输等环节都会产生消耗，这些都属于成本的一部分，全面成本就是要将企业运行的各个环节所可能产生的开支都包括在内，这样企业日常活动中的各项开支便一目了然，从而有利于从整体上把握企业的真实情况，寻求有效的盈利方式。成本管理观念是支配企业活动的"领导者"，只有从根源上树立正确的成本管理观念，后续工作才能顺利地进行下去。其次，要形成成本效益观念。在一些人的观念中，尽可能地减少成本就可以增加企业的盈利，殊不知，一味地压缩成本，甚至不惜以次充好，会使得产品的质量大打折扣，降低产品在消费者心中的地位，树立不好的形象，最终导致企业的效益一落千丈。企业成本管理绝不能再走这样的老路，而是要在保证产品质量的同时，寻求科学的成本管理方式，用质量和口碑提高企业的效益，赢得消费者的信任，从而提升企业的效益。

二、做好市场调研，创新预算管理

预算在企业成本管理中占据着重要地位，预算直接影响企业后期的收益，有些企业正是因为不重视预算管理，前期没有与市场衔接，最终导致预算与实际情况严重不符，减少了企业的最终盈利。因此，做好预算也是控制成本的重要手段之一，理应做好前期的市场调研，创新预算管理。企业在一个项目开始之前，应当派专业人员进行调研，根据市场的真实情况，对各个环节可能需要的成本做出详细的报告，以便企业管理者能够更好地认识这一项目可能需要的成本和最终可能获得的盈利，从而更好地做出决策。做好预算需要建立一支专业的预算队伍，确保预算的科学性，真正为企业的运营发挥相应的作用。此外，做好预算管理不仅要对成本进行预算，还要对未来可能获得的收益进行预算，从而让企业管理者更直观地了解最终的收益情况，做好成本管控工作。

三、加强科技创新，节约成本

"科学技术是第一生产力"，不重视科技的企业势必要被市场淘汰。通过科技创新一方面可以丰富产品的功能，吸引更多的消费者，另一方面也可以节约成本、提高效益。在一些企业当中，产品的生产需要大量的机器，一些大型器械的工作效率不高还需要大量的人力，长此以往便会在无形中增加产品的成本，降低效益。因此，加强科技创新无疑是节约成本的一个好办法。企业可以引进先进的技术和器材，或者加大人力和资金投入研发新的技术和产品，虽然前期需要投入一些资金，相应增加成本，但是从长远来看，新的技术可以提高企业的生产效率和产品质量，减少人力和物力的投入，因此加强科技投入是十分必要的。

四、提高员工的成本管理能力，建立专业的队伍

企业的成本管理工作离不开专业的工作人员，一些企业缺少专业的成本管理工作人员，导致成本管理政策难以真正贯彻落实。针对此种情况，若想实现企业成本管理的创新，必须建立一支专业的队伍，通过员工之间的相互合作，从各个环节入手，加强相应的管理工作，做好前期的成本预算并严格按照预算推进各环节工作，如果出现严重超支的情况应当尽快采取相应措施，做好管理工作。另外，企业应当引导员工树立成本观念，在企业的日常活动中严格贯彻成本管理制度，强化每一个环节。

总之，成本管理在企业的发展过程中至关重要，直接关系到企业最终的收益情况。针对目前的情况，企业为了实现综合发展，对于运营中的各个环节都应当加强管理，建立专业的管理队伍，帮助员工树立正确的观念，做好预算等相应工作，实现企业效益的最大化。

第四节　股利分配管理

在快速发展的现代社会中，市场竞争越来越激烈，企业财务管理工作是影响企业能否长久稳定发展的重要因素。本节将从财务管理中的股利分配问题入手进行研究，这对于企业的发展来说具有重要的社会现实意义和不可忽略的价值，也希望能够激发更为广泛的思考和讨论，进而促进该领域的研究更加深入。

一、股利分配的内涵

所谓股利分配，是指股东按照特定的形式从自身所持有股份的企业获得的收益，从内容角度来说包括股息以及红利。而股东能够获得相应的股利，最为重要的因素是其所持股的企业经过正常的经营具有经营成果，也就是所获得的收益。从形式来说，股利分配既包括现金股利分配，也包括股票股利分配。在股利具体的分配过程中，可以实行定期稳定的分配政策，也可以依据企业的具体运作情况来设定具体的分配政策。

二、股利分配的现状

目前，我国上市企业进行股利分配的过程中，主要存在以下几方面的问题：

首先，部分企业在自身经营获得了足够盈利或可观盈利的情况下仍然做出不分股利或少分股利的决策，给中小股东的理由主要为企业需要为后续的经营留存足够的资本。从经营的角度来说，此种决策无可厚非，企业长久稳定的经营也能够带来更为可观的收入，但与此同时，企业在股市中进行大规模的资本融资，并且给予高管层大规模加薪，在一定程度上漠视了中小股东的股利分配要求。其次，从股利分配的原则来说，股利分配一般需要企业董事会进行决议，而根据少数服从多数的原则，股利分配的具体原则往往是按照大股东的意愿确定的，部分大股东在制定股利分配原则的过程中，只考虑当前的现金收入情况，并没有充分考虑企业的长久发展。再次，在股利分配过程中，由于缺乏成熟的考虑和足够的市场洞见，部分企业往往出现不同年份之间相去甚远的状况，股利分配政策本身的稳定执行性不强。最后，很多企业利用股利分配进行再次融资、圈钱，将股利分配与融资共同推进。

三、股利分配管理的措施

（一）设定限制条件

为了保证企业健康运作和经营，避免多方主体的利益受到恶意威胁或损害，企业在进行股利分配的过程中受到多维度政策的限制，进而避免在企业内部出现不良操作。具体来说，若企业在经营过程中借入了前期债务，在债务未到期完全偿还的过程中进行股利分配，需要满足债务合同中的具体条款；若企业在股利分配的过程中计划采用以现金的形式进行分配，则需要预留足够的资金进行未来一段时间内的运营周转，避免股利分配或恶性操作行为导致企业在后续的经营过程中出现问题，进而损害广大股东的基本权益。

（二）考虑经济环境因素

外部经济环境对于市场环境中的经济主体行为具有直接的影响，尤其是经济环境波动较为剧烈的时代，经济主体的决策更受到较大的影响。在进行股利分配的决策过程中，越来越多的企业倾向于采用现金股利的分配形式，但当外部经济环境出现较为严重的通货膨胀时，现金本身的购买能力下降，企业预留的购买重大资产的资金已不足以满足基本的支付要求，则需要从经营利润中进行找补，这就直接影响了股利分配的金额。因此，在进行股利分配的过程中，为了自身能够长期运行，企业还需要充分考虑外部的经济环境因素。

（三）考虑市场环境因素

对于企业而言，目前最为广泛的、最受青睐的股利分配形式为现金股利，但现金股利派发也受到外部市场环境的影响。从企业经营的角度来看，若外部环境中拥有较多的投资空间和机会，企业为了获得更高水平的收益则需要更多的资金支持，那么在当年周期内的股利派发过程中则偏向采用低股利的形式，留存更多的灵活资金进行投资；而如果市场外部环境中的投资机会较少，扩大规模获利的机会并不明显，则企业可能会在股利分配的过程中采用高股利的形式。外部市场环境直接影响企业在股利分配过程中的决策以及操作空间。

（四）考虑经济能力

企业在进行股利分配的过程中，通过现金股利分配尽管能够满足大部分股东的需求，但仍然需要充分考虑自身的运行是否能够维持，要保证企业在

拥有债务时具有持续偿还能力，进而保持企业在市场经济环境中的良好形象
和信誉。需要注意的是，企业在考虑偿还能力时，还需要考虑自持资产情况，
主要参考指标是企业的资产变现能力，也就是现金支付能力，企业拥有稳定
的现金支付能力才能灵活安全地应对债务和满足自身运作的需求。尤其对于
高位发展阶段的企业而言，它们可能拥有大量的固定资产，但灵活资金的体
量并不大，那么这些企业的变现能力是相对弱的，在进行股利分配的过程中
要更为谨慎。

（五）考虑投资者因素

企业的投资者构成并不是单一的，多样化的投资群体导致企业在股利分
配的过程中需要进行更全面的考量。具体来说，少量投资者属于企业的永久
性股东群体，这部分人对企业的忠诚度最高，希望企业能够不断发展壮大，
并且具有长期稳定发展的能力，因此对于短期内的股利分配重视程度并不高；
还有部分股东注重稳定的高额股利分配，希望能够拥有定期的股利收入；另
外还有众多投机群体，他们希望在短期内获得较高的利益收入。对于企业而
言，这三种投资群体都是必不可少的，因此在股利分配的过程中需要充分考
虑这三类群体的特征和需求。

四、股利分配对企业发展的影响

（一）请求权对企业的负面影响

为了能够切实维护多方投资群体的利益，在企业进行股利分配的过程中，
股利分配决策往往掌握在高层管理人员及大股东手里，因此在股利分配的过

程中可能会出现倾斜、不公平的现象，进而导致中小股东的权益无法得到维护。在具体的操作环节中，中小股东为了维护自身的利益可以对企业进行法律起诉，以维护自身的请求权利。需要注意的是，这种操作不可避免地会对企业造成一定的负面影响，尤其是对企业在市场环境中的信誉造成不可挽回的负面影响。因此，为了能够切实维护企业的形象和长期稳定发展，在股利分配过程中需要切实考虑中小股东的权益，避免出现不公平的股利分配。

（二）对企业成长的影响

在现代市场经济环境中，企业的长久发展离不开融资市场的支持，而融资市场需求以企业本身的实力、信誉情况作为基础，若企业在经营过程中恶性地不进行股利分配，则可能给资本市场传递出不良信号，造成资本对企业能力、经营信心的下降，甚至对企业的信誉产生怀疑，不利于企业后续融资。因此，企业从长久发展的角度进行考虑，需要切实根据自身的经营情况进行股利分配，及时公开信息，在资本市场中注重维护自身形象，避免为了短期利益损坏长期形象，尤其是在现代社会中，信息传递成本较低，信息传递速度更快，企业的形象维护需要投入更大的精力。

（三）对财务情况的影响

企业制定股利分配政策时，需要切实考虑到自身的资金情况和未来运作的资金需求，充分考虑不同投资人的获利诉求。企业的长久发展，不仅关系到投资群体的利益，更关系到企业员工及相关业务领域的正常运作。正确、科学地评估企业的股利分配能力，避免由于核算的失误、决策的失误甚至是恶意的决策，损害他人的利益，甚至由于出现不合规行为而走入社会基本道德的背面。因此，企业股利分配不仅关系到对投资人的负责和回馈，还需要从企业作为一个经济主体的运行角度来考虑，避免不科学的分配影响企业的财务情况，进而影响企业的健康运作。

　　在现代市场环境中，股利分配已经成为众多上市企业面临的重要问题，股利分配的合理性将直接关系到企业未来的长久发展，在具体操作过程中，需要切实考虑限制条件、经济环境、市场环境、经济能力以及投资者的偏好等，从企业的长久发展出发，真正做出对企业的利好决策，提高企业在市场环境中的形象和信誉度，促进企业良好健康的发展。

第三章　企业财务成本控制概述

第一节　成本的概念与分类

一、成本的概念

在我们的日常生活中，也许没有一个会计名词比"成本"用得更广泛了。然而，不同的人对成本有不同的理解。从会计观点来看，成本是为换得某种货物或某项劳务而放弃的资源量。被放弃的资源通常是货币，即使不是货币，也用货币单位来表现。

确定成本的过程有时很简单。许多产品和劳务的成本，只要问一下卖主或代理商就能知道。如果你想购买一幢建筑物而打听买价时，将会有许多房产商向你提供各种各样建筑物的价格。要是货物并非购入而是生产出来的话，确定其成本就可能很困难了。一件工厂产品的成本，不是它在价目表上的定价，而是许多种生产资源的成本的结合体。

确定产品成本的困难，阻挡不住企业生产产品和提供劳务。完善的成本会计制度和程序，为各种各样的产品生产提供了确定成本的手段。许多管理会计报表和有关管理决策都要靠成本数据作为原始资料。

要确定任何一种产品或一项经济活动的成本，首先必须明确成本对象。

成本对象是指要确定其成本的产品或活动。成本对象大都是物质产品（如轮胎、冰箱、背包等），但也可能是某项活动（如广告活动或计算机操作等）。影响公司成功的因素有很多，例如，是否以顾客为中心和是否拥有技术熟练的管理队伍。

但是，为降低成本而做的不懈努力也是公司成功的主要原因之一。在任何行业进行成功的成本控制之前，都需要对成本类型有较深刻的理解。

二、成本的分类

（一）会计成本

1. 成本按其经济用途的分类

在企业中，成本通常按其经济用途划分为生产成本、销售成本和管理成本三类。

（1）生产成本。是指企业为生产产品或提供劳务而发生的成本。这部分成本又可根据具体的经济用途分为料、工、费三个项目。

第一，直接材料。是指直接构成产品实体的原材料成本。它的一个重要特征就是能准确地归属于某一产品。

第二，直接人工。是指在生产中对原材料进行直接加工，使之变成产品所耗用的人工成本。与直接材料类似，直接人工必须能直接归属到产品上。

第三，制造费用。又称为间接制造费用，是指在生产中发生的不能归入上述两个成本项目的其他成本支出。它包括许多内容，因此，又可将其细分为间接材料，是指在生产中发生的但不易归入某特定产品的材料成本。

（2）销售成本。是指在流通领域为推销产品而发生的各项成本。包括广告宣传费、送货运杂费、销售佣金、销售人员工资以及销售部门的办公费、差旅费、修理费等其他费用。

（3）管理成本。是指生产成本和推销成本以外的企业行政部门为组织企业生产所发生的成本。如董事费、管理人员薪金等。

按照费用要素分类反映的成本信息可以反映企业在一定时期内发生了哪些生产经营耗费，数额各是多少，用以分析企业耗费的结构和水平；还可以反映物质消耗和非物质消耗的结构和水平，有助于统计工业净产值和国民收入。

2.产品成本和期间成本

（1）可计入存货的成本，按因果关系原则确认为费用可计入存货的成本，是指在发生时先作为存货，在其出售时转为费用的成本。例如，生产耗用的材料成本、人工成本和间接制造费用，先记为产品成本，产品未出售前作为"资产"列入财务报表，产品出售时一次转为费用，从收入中扣减。可计入存货的成本，是按照因果关系原则确认为费用的。

（2）资本化成本，按"合理的和系统的分配原则"确认为费用资本化成本，是指先记录为资产，然后逐步分期转为费用的成本。例如，固定资产的购置支出，先记为固定资产成本，在财务报告中列为"资产"，该资产在使用年限内分期提取折旧，陆续转为费用。

（3）费用化成本，在发生时立即确认为费用化成本，是指在成本发生的当期就转为费用的成本。

费用化成本包括两种类型：一种是根据因果关系原则确认的费用，例如公司管理人员的工资，其效用在本期已经全部消失。应在本期确认为费用。

另一种是不能按因果关系和"合理的和系统的分配原则"确认的费用，例如广告成本，它可以为企业取得长期的效益，但很难确定哪一个会计期获得多少效益，因此不得不立即确认为费用。

（二）机会成本

机会成本：在制定资源使用决策时，从若干可供选择的方案中选取某一种方案，而放弃使用资源的最佳备选方案时所丧失的"潜在收益"（可能实现的所得），就是机会成本。机会成本是在对有限资源的利用进行决策分析时而产生的概念。资源往往有多种用途（有多种使用机会），但通常又是稀缺的。因此，一旦将其用于某一方面就不能同时用于另一方面，使资源的使用具有排他性。由于资源的用途极多，因此，资源使用机会也往往会在两种以上，它们的潜在收益也会有一定的，甚至是较大的差异。在这种情况下，一般都根据所放弃的耗用资源最佳的可比用途确定机会成本。

尽管机会成本并不是一般意义上的"成本"，也不用记入会计账簿，不会构成企业的实际支出，但它表明把资源用于某一方面可能取得的利益，是以放弃它用于其他方面可能取得的利益为代价的。因此在进行决策时，只有将落选方案有可能获得的"潜在收益"作为机会成本计入中选方案的相关总成本中，才能全面、合理地评价中选方案的经济效益，正确判断被选用的方案是否真正最优，从而使资源得到最有效的利用。忽视机会成本，有可能造成决策失误。

（三）沉没成本

沉没成本是指不需要动用本期现金等流动资产的成本，它所涉及的是以前的付现成本，例如，固定资产的折旧费用、无形资产的摊销费用等，当按一定的方法计入本期费用时，并未动用本期的现金与流动资产，而是以前的付现成本在当期的摊销，这种不需动用本期现金等流动资产的成本称为沉没成本。所以，它们不影响未来的成本，也不为现在或将来的行为所改变，例如，以前购买设备的取得成本和现有存货的制造成本。不论设备和存货现在的用途如何，取得它们所花费的成本都不能为将来的行为所改变，所以这些成本与未来决策无关。

尽管从经济角度看，让沉没成本影响未来决策的行为是不正确的，但人们却总是这样做。这是人性中为过去辩护的特点使然，当需要对自己或他人证明竞争力时，经理们总是为自己的决策辩护。管理会计师们对这种行为倾向的理解是很重要的，这种理解使得会计师们能够为经理决策提供最相关的信息，有时还能帮助经理们使用信息。

（四）付现成本

付现成本是指目前需要用现金等流动资金支付的成本，付现成本这一概念常在制定决策时使用。在制定决策特别是生产决策时，常需考虑生产所需的资金问题。需要注意的是，付现成本不一定都是变动成本，有时也可能是固定成本。

（五）边际成本、差别成本和增量成本

成本从反映差异的不同可分为边际成本、差别成本和增量成本。

边际成本是指业务量（产量或销量）增加一个单位所增加的成本。从理论上讲边际成本是指业务量的无限小变化后成本的变动额，由于业务量的最

小变动只能是一个单位变动，因此边际成本实际上只能是业务量增减一个单位所引起的成本变动额。

在大批量生产情况下，由于在一定的生产能力范围内，单位产品只增加变动成本，所以边际成本常表现为变动成本。在生产情况下，增加一个单位产品常需提高生产能力，即需增添机器设备等，这时边际成本就包括增加这一单位产品所发生的所有变动成本和固定成本。但在会计实务中，人们常常也将一批产量所增加的成本看作边际成本，这时的边际成本实际上是边际成本总额。边际成本往往应用于决策中，当设计生产能力未被充分利用的情况下，产品的售价高于成本时，有利于企业增加收入。

差别成本是指两个不同方案之间对比预计成本的差额。在做出决策时，由于各个方案所选用的生产方式、生产工艺和生产设备的不同，各方案预计所发生的成本也不同，各方案预计成本的差异称为差别成本。差别成本包括由于产量增加而增加的变动成本，也包括超过一定生产能力范围所需要新增的固定成本和混合成本。差别成本可应用于决策。在产品售价或销售收入相同的情况下，差别成本是进行决策的重要依据。两个或两个以上决策方案的差别成本，与它们的差别收入相对比，如果差别收入大于差别成本，则两个对比方案的首选方案就较优。

差别收入、增量收入还有边际收入是相对于差别成本、增量成本和边际成本的概念。差别收入是指两个不同方案对比所发生的收入差别。增量收入是指采取某一行动方案比原定方案或原定目标所增加的收入，而边际收入是指产量每增加一个单位的收入变动额。

（六）可避免成本和不可避免成本

可避免成本与不可避免成本是按决策方案变动对某项支出是否可避免来划分的成本。

可避免成本是指当决策方案改变时某些可免于发生的成本，或者在有几种方案可供选择的情况下，当选定其中一种方案时，所选方案不需支出而其他方案需支出的成本。可避免成本常常是与决策相关的成本。不可避免成本指无论决策是否改变或选用哪一种方案都需发生的成本。

（七）责任成本

责任成本是一种以责任中心为对象计算的成本。它是考核评价各责任中心经营业绩和职责履行情况的一个重要依据。责任成本的计算原则是谁负责谁承担，即不管用于哪种产品，只要是由该责任中心负责生产的，就由该责任中心承担责任。责任成本大部分是可控成本，因为只有责任中心能控制的成本，才能作为考核评价其业绩的依据。责任成本是责任会计核算的一个重要内容。在实现电算化会计信息系统的企业中，责任成本的核算可与产品成本的核算统一设计，以有效地协助企业管理部门进行责任考核。

（八）可控成本与不可控成本

可控成本与不可控成本是以费用的发生能否为特定管理层所控制来划分的成本。可控成本是指考核对象对成本的发生能予以控制的成本。

任何成本在某个时候，都是可以被人们在一定程度上加以控制的。成本按是否受管理者的意志控制分为可控成本和不可控成本。因此，我们应该从特定时期和空间范围来说明可控成本这一概念。

凡成本能受管理者控制的成本称为可控成本；反之，则称为不可控成本。对于生产产品的工厂来说，由公用事业部门提供的水、电、煤气的价格是不可控成本，因为这些成本并不以生产工厂的意志为转移。

可控成本与不可控成本都是相对的，而不是绝对的。对于一个部门来说是可控的，对于另一部门来说就可能是不可控的。但从整个企业来考察，所发生的一切费用都是可控的，只是这种可控性需要分解落实到确切的部门。

（九）相关成本与非相关成本

成本按与预测、决策是否有关可分为相关成本和非相关成本。

相关成本是指与预测、决策有关的成本。例如，当是否决定接受一批订货时，生产该批订货所需发生的各种成本即相关成本。如果该批订货是一种特殊订货，即其价格低于以前生产这种产品的完全成本时，其相关成本就是生产该批产品的变动成本。如果生产这批订货需扩大生产能力时，相关成本就既包括生产该批订货的变动成本，还包括添置机器设备所需发生的其他成本。非相关成本是指与预测、决策不相关的成本，因而决策时可不予以考虑。

区分相关成本与非相关成本的意义在于：第一，在难以得到足够资料的情况下，能有效地进行决策分析。我们需要明确区分哪些是相关成本，哪些是非相关成本，舍弃后者，才能作为决策依据。第二，简化分析，集中注意力，保证决策结果的正确性。有时，尽管得到决策分析所需的全部资料，但将相关成本与非相关成本混合，容易使整个情况趋于混乱，分散分析者的注意力，从而也有必要区分相关成本与非相关成本。要正确地区分相关成本与非相关成本，不可一概而论，而必须对具体问题进行具体分析。相关成本与非相关成本是相对的。由于决策的对象不同，决策的期间不同，决策的范围不同，同一成本项目有时属于相关成本，有时属于非相关成本。

第二节　固定成本与变动成本

一、成本性态的意义

成本性态有时也称成本习性，是指成本总额与业务量（产量或销售量）之间的依存关系。因为这种依存关系是客观存在的，具有固有的性质，所以称为"性态"或"习性"。

这里的成本总额是指企业为取得销售收入而付出的制造成本和非制造成本，也就是说，它不仅包括产品的全部生产成本，还包括企业的销售费用和管理费用等所构成的期间成本。

这里的业务量是指企业为进行生产经营活动而投入的工作量，它是企业生产活动的业务基础。对于一般的企业，我们通常用产量或销量来衡量其业务量水平。

二、成本依其性态的分类

企业的全部成本依其性态，可以分为固定成本、变动成本及混合成本三类，现分述如下：

（一）固定成本

所谓固定成本，是指在一定时期和一定业务量范围内，成本总额不受业务量增减变动的影响而固定不变的成本项目。

按其支出数额能否由企业管理人员在短期计划与决策范围内改变，固定成本又可分为酌量性固定成本和约束性固定成本两类。

1.酌量性固定成本

酌量性固定成本是指通过企业管理人员的短期决策行为可以改变其支出数额的成本项目。如企业的广告费、新产品研究开发费用、职员培训费、科研试验费等。这类费用的支出与管理人员的短期决策密切相关，即管理人员可以根据企业当时的具体情况和财务负担能力，来决定这类费用是否继续支出，以及支出数额的增加或减少。

2.约束性固定成本

约束性固定成本是指通过企业管理人员的短期决策行为不能改变其支出数额的成本项目。如企业固定资产折旧费、保险费、租赁费、不动产税金及管理人员的薪金等。这类费用与企业管理人员的长期决策密切相关，当他们一旦决定基于约束性固定成本项目，则在短期经营中，该项成本就超出了管理人员所能控制的范围。

显然，对固定成本的这种分类，有助于我们针对不同类别固定成本的特性来选择降低固定成本的有效途径。一般来说，要降低酌量性固定成本，应在保持其预算功能的前提下，尽可能减少其支出数额，即只有提高酌量性固定成本的使用效率，才能促使其降低。

还应该注意的是，酌量性固定成本与约束性固定成本之间并没有绝对的界限。一项具体的固定成本究竟应归属于哪一类，取决于企业管理层特定的管理方式。若该企业的管理层倾向于经常性地分析大多数固定成本项目的可行性，则其固定成本中的酌量性固定成本的比重会较大，反之亦然。

（二）变动成本

变动成本是指在一定时期和一定业务量范围内，成本总额随业务量的增减变动而成正比变动的成本项目。

一般来说企业生产成本中的直接材料、直接人工，制造费用中随业务量成正比变动的间接材料、燃料及动力照明费、间接人工等，期间成本中按销量计算的销售人员佣金、装运费、包装费，服务性企业中随顾客人数而成正比增减的物料用品费等都属于变动成本的范畴。

（三）隐含条件

上述对固定成本和变动成本的分类，都是建立在一定的隐含条件基础上的，这些条件包括：业务量的相关范围、相关时期及大环境。

1.业务量的相关范围

假设 A 公司已利用了租赁微波炉生产线的最大生产能力，此时所生产的微波炉仍供不应求，公司急需扩大生产规模，那么每当其生产量超过 5 000 台的整倍数时，就需从租赁公司租赁一条微波炉生产线。

在这种情况下，固定成本总额则会出现一个突变，使得各业务量水平下的固定成本呈现出一种阶梯状的变化，我们通常称使固定成本总额保持稳定不变的业务量范围为固定成本的相关范围。

同样地，许多变动成本总额和业务量之间的依存关系，也存在一定的相关范围。在前面的分析中，我们均假定变动成本总额与业务量之间呈严格的正比例关系，即完全的线性关系，但这种说法的隐含条件是"在一定的业务量范围之内"。因为一旦超出了一定的业务量范围，它们之间就可能表现出非线性关系或者另一种线性关系，也就是说，单位变动成本并非在任何情况下都是一个常数。

2. 相关时期

对固定成本与变动成本的划分，还取决于所讨论的相关时期。显然，相关时期越短，归属于固定成本的企业成本内容相对就越多，归属于变动成本的就越少。在许多成本分析中，相关时期被指定为一年，它也适用于借助成本习性进行决策的案例中。但如果认为一年的相关时期适用于全部的成本分析，有时则会导致错误的结论。

（四）混合成本

实务中往往有很多成本项目，不能简单地将其归类于固定成本或变动成本，因为它们同时兼有固定成本和变动成本的特性，这类成本就称为混合成本。常见的混合成本有如下几种类型：

1. 半变动成本

这类成本由两部分组成：一部分是一个固定的基数，一般不变，类似于固定成本。另一部分是在此基数之上随着业务量的增长而增加的成本，类似于变动成本。如企业需要缴纳的大多数公用事业费，以及机器设备的维护保养费、销售人员的薪金等均属于半变动成本，这些费用中的一部分是基数，无论企业本期是否使用或是否有业务发生，都需要支付，属于固定成本的性质。另一部分则根据企业耗用量的多少或业务量的多少来计算，属于变动成本的性质。

2. 半固定成本

通常这类成本在一定的业务范围内，其总额不随业务量的增减而变动，但当业务量一旦超出相应的范围，成本总额便会发生跳跃式的变化，继而在新的业务量范围内保持相对稳定。直到业务量超出新的范围，成本总额出现新的跳跃为止，所以，半固定成本又称为阶梯式成本。

3. 延期变动成本

这类成本是指在一定业务量范围内成本总额不随业务量而变动，但当业务量超出这一范围后，成本总额将随业务量的变动而发生相应的增减变动的成本项目，如在有加班费存在的情况下，企业的人工总成本就属于延期变动成本，因为企业在正常工作时间之内，对员工支付的薪金是固定不变的。

4. 曲线变动成本

这类成本通常也有一个不变的基数，相当于固定成本，但在这个基数之上，成本虽然随着业务量的增加而增加，但两者之间并不像变动成本那样保持严格的同比例变动关系，而是非线性的曲线关系。

第三节　财务控制成本的基础理论

一、财务控制成本理论依据

财务控制成本这一概念的产生源自三大类经济学理论：契约理论、委托代理理论和信息不对称理论。

现代企业理论的理论基础是"企业契约理论"。在这种观点下企业被分解为若干个契约，而按契约签订时所拥有的信息是否完备又可分为完备的契约和不完备的契约。二者的区别在于契约签订时双方能否完全预见未来可能发生的权利和义务，以及契约签订双方是否做到完全理性。而实际上完备的契约不可能存在。因此，人们更关注以有限理性为基础的企业契约理论。现代企业制度的重要特征是投资人和经营者的分离，所有权和经营权之间属于代理关系，而委托代理理论关注的就是企业内部机构和成员间的这种代理关系，并形成代理理论。在这个理论框架下，企业被分解成为一系列的代理关系，并构成代理链。在代理链中最重要的代理关系是企业投资人和经营者之间的代理关系。由于企业契约的不完备性，为了让投资人和经营者之间目标一致，也为了实现对经营者的监督，都需要投入一定的资源来实现。这些费用就成公司治理中财务控制的成本来源之一。

鉴于不完备性的企业契约理论和委托代理理论，企业的投资人和经营者之间必然存在着信息不对称，实际上是经营者所掌握的信息远多于投资人。经营者可能利用手中的经营权和信息优势，做出有损投资人利益的行为，形成诸如"道德风险"和"逆向选择问题"。实际上这样的事情已经屡见不鲜。而在现代企业制度下，投资人和经营者之间信息不对称的情况又不可避免，因此为了减少二者之间的利益冲突，以及实现对经营者的监督，人财物方面的投入就成为不可避免的成本投入。

二、财务控制成本的产生形式

财务控制本质上属于管理控制，在获得管理效益的同时也会产生一定的成本，完全没有成本的财务控制是不可能实现的。财务控制所产生的直接效益由于缺乏明确的指标来衡量，因此对于财务控制行为的研究更多地注重于对财务控制成本的研究，以财务控制成本的最小化作为控制目标。在现代企业管理制度中，企业财务控制所付出的成本主要为代理成本，主要包括各种机构运行费用、监督费用、激励费用和效率下降费用等。企业财务控制的实现途径主要是设计和运行企业财务控制系统，其间所产生的费用是财务控制成本的重要组成部分。因此财务控制成本主要包括内部财务控制系统设计和运行成本以及公司治理中的代理与治理成本。

三、控制经营者成本

控制经营者成本主要包含两个方面的内容：监督经营者所付出的成本和经营者自身的机会成本。在现代企业制度下，投资人和经营者是基于契约理论的委托者和被委托者的关系。在双方信息不对称的情况下，投资人为了弥补信息不对称所带来的弊端，并减少经营者的控制行为造成的危害，通过设定一定的监督机构（如监事会）来实现对经营者的监督。在这一过程中所付出的成本就涉及收集企业经营信息所付出的成本和利用这些信息所付出的成本。此外，企业的实际经营者也需要付出机会成本。企业经营者作为企业的实际操控人，掌握着最全面的企业经营信息，在利用这些信息过程中可能产生对委托人不利的机会成本，诸如资金违规操作、损公肥私等。

四、集体决策成本

现代企业制度中的公司管理结构是基于集体决策的，这种决策形式对于加强企业控制无疑是有利的，但随之产生的成本也是不可避免的。这一过程中产生的成本主要来自两个方面：决策效率不高造成的成本和决策程序所产生的成本。前者是集体决策的本质决定的，因为可能在集体决策过程中造成无效率决策；而后者则是决策程序的特点决定的，尽管决策程序可以分为程序性的决策和非程序性的决策，但程序性的决策作为集体决策的惯常组织形式，需要耗费大量的精力来协调各方的权益，产生有效决策的效率往往不如非程序性决策高，因此企业可能错失良机。

五、代理和运作成本

代理成本的产生源自企业投资人和经营者之间在目标上的不协调，为了达到二者目标一致而付出的成本即代理成本，最直接地体现为治理成本。而在解决企业代理问题的过程中，企业的治理机制会相应地产生运作成本，如审计费用、聘请独立董事的费用、企业运营信息收集所产生的费用等。

六、财务控制设计和运行的成本

企业财务控制系统是一套较为复杂的系统，需要精心设计并组织实施。在设计和实施过程中必然会产生相应的设计和运营成本。加之企业所面临的市场信息随时都在发生变化，要求企业必须依据环境变化对财务控制系统做出相应的调整，加强对经营风险的控制和监督，因此这一过程中所产生的成本就成了财务控制成本的一个重要组成部分。

财务控制成本主要的产生源头是财务控制的设计运行成本和管理者的机会成本。财务控制的设计和运行成本与财务控制强度大致成正比，成本越高则控制强度越大。而管理者的机会成本恰恰相反，财务控制强度越大机会成本反而越低。有学者曾研究这两类成本和控制强度之间的理论最佳平衡点。这一平衡点的现实意义是委托人与管理者的利益都实现最大化，但难点在于财务控制强度和上述两类成本之间的关系难以用定量的函数来描述，因此这一研究还仅只能从定性的角度来探讨三者之间的关系。

第四节 财务成本控制的作用、原则及内容

一、财务成本控制的四大作用

财务成本控制以实现最佳财务成本目标，提高经济效益为直接目的，运用现代信息科学的基本原理，对企业生产经营过程中发生的资金运动及其结果进行全员、全过程、全方位的控制。因而，财务成本控制可以促使企业用较少的物质消耗和劳动消耗取得较大的经济效果，保证企业经营目标的实现；可以监督企业遵守国家财经纪律，保证国家宏观调控的顺利进行，进而促进社会资源的合理配置和社会分配的公平和效率；可以协调企业各个岗位的工作和各有关利益集团的冲突，促使各职能部门为实现整体统一目标而共同奋斗。具体来说，财务成本控制具有保证、促进、监督和协调的四大作用。

（一）保证作用

在社会主义市场经济条件下，一个企业往往根据国民经济发展规划、国家经济政策、企业可以运用的经济资源，以及企业本身的生产经营能力和职工生活水平预计提高的幅度来确定自己的经营目标。其中很重要的一个方面便是企业当年要实现的经济效益指标，对此指标可以进行各种分解，落实到具体的项目上，如利润指标可以分解成销售收入、成本、费用和流转税指标等。显然，在销售收入不变或销售状况出现不利的情况下，成本费用指标的如数或超额完成便往往起着决定性的作用。财务成本控制可以从空间上、时间上对企业发生的各种成本费用进行监督、调控，发现偏差及时揭示，并采取有效措施纠正不利差异，发展有利差异，使实际成本费用被限制在预定的目标范围之内，保证预定成本费用目标的完成或超额完成，进而保证企业经营目标的实现。

（二）促进作用

财务成本控制是运用系统工程的原理对企业在生产经营过程中发生的各种耗费进行计算、调节和监督的过程，同时也是一个发现薄弱环节，挖掘内部潜力，寻找一切可能降低成本途径的过程。因而科学组织、实施财务成本控制，可以促进企业改善经营管理，转变经营机制，全面提高自身素质，增强企业的造血功能，使企业在市场竞争的严酷环境中自我生存、发展和壮大。因而，财务成本控制具有促进的作用。

（三）监督作用

财务成本控制是一个全员、全过程、全方位的系统控制过程，它要求将企业发生的一切耗费时时刻刻置于当事人的监控之下，同时，灵敏的财务成本资料信息反馈系统可以将一切浪费行为、违法乱纪行为迅速反馈给主管人员，以便采取措施，将一切浪费、违法行为消灭在萌芽状态。因而，财务成本控制系统可以通过健全的内部结构将企业对国家财经法规的遵守情况置于直接的监督之下，保证国家财经法规的贯彻执行，为国家宏观调控的顺利进行提供信息保障和纪律保障。

（四）协调作用

财务成本控制涉及方方面面的利害冲突，因为财务成本控制的好坏、成本的高低直接决定着各利益集团利益的高低，而物质利益协调的好坏，反过来直接影响到财务成本控制工作能否顺利进行。从企业内部而言，财务成本目标因种种主观、客观方面的原因往往很难分解得十分合理、公平，因而在具体的财务成本控制实施过程中往往会出现苦乐不均，甚至是鞭打快牛的现象，其结果不是利益分配不公，就是挫伤各职能部门在财务成本控制上的积极性，造成企业整体利益受到损害。作为以系统论为其基础理论之一的财务成本控制系统，其核心观点是整体观点，即要求协调各分、子系统的行动为整体目标服务，通过财务成本信息的反馈，协商和调整局部之间的不协调之处，因此，财务成本控制可协调各利益集团的冲突，达到各分、子系统的协调统一。

二、财务成本控制的基本原则

财务成本控制基本原则是对财务成本控制实务工作经验的总结，是可以指导财务成本控制实践的基本规范。

（一）全面控制和重点控制相结合的原则

这是从财务成本控制的空间范围而言的，即要求财务成本控制做到点面结合，点和面的统筹兼顾，既不能不分主次，眉毛胡子一把抓，也不能只见树木、不见森林。首先，在财务成本控制中，要对财务成本进行全面控制，不能只考虑某个方面，也就是说，要求人人、处处、事事都要进行财务成本控制。这是因为财务成本是一个综合性的价值指标，涉及面广，综合性强，不全面考虑，很难适应控制的要求。一是全员的控制，即人人都要参加财务成本控制，从厂部、车间领导到管理部门，甚至每个职工都要参加成本控制，凡是企业中同财务成本活动有关的单位和职工，都要按照财务成本控制指标严格把关。二是全要素的控制，即财务成本的所有要素，包括资金流量、成本费用、收入、利润等都要加以控制。其次，在财务成本控制中要有所选择、有所侧重，在全面控制的基础上，对重要的财务成本构成项目、内容要施加详细的控制，而对于一般的、不太重要的财务项目，可以进行合并控制，施加粗线条的管理。一个企业、一个单位、一个岗位的人力、物力、财力和精力总是有限的，如果不会选择重点，乱控一气，只能是捡了芝麻，丢了西瓜，好像都抓了，结果什么都没抓好，最终导致整个财务成本控制工作的全面失败。这是唯物辩证法中矛盾论、关于两点论与重点论的思想在财务成本控制中的具体运用。

（二）日常控制和定期控制相结合的原则

这是从时间范围的角度而言的。企业的生产经营活动是连续不断进行的，企业的财务成本活动也每时每刻都在发生，对财务成本进行控制要求在企业生产经营活动的过程之中进行，即加强日常控制。日常控制要紧密结合企业生产经营实际情况进行，发现偏差，及时纠正，一旦发现损失浪费的苗头可以将其消灭在萌芽状态之中。只有这样，财务成本控制才有切实的保障。但是，前文已述及，人们的财力、物力、精力总是有限的，过细过多的财务成本监控往往会花费许多不必要的时间和精力，造成经济上、精神上的得不偿失，即不符合成本－效益原则。定期控制侧重于期末的盘点控制与定期检查，可以节省人力、物力，但往往不能揭示损失、浪费和贪污盗窃等情况；而日常控制侧重于平时的即时控制，但工作量较大，因此必须很好地将两者结合起来。

（三）定性控制和定量控制相结合的原则

财务成本的定性控制也就是从质的规定性上对财务成本进行控制，即从大的方面把握企业成本的开支范围是否符合国家的财务制度，费用项目列支是否符合行业财务制度的规定，日常的财务成本活动是否有章可循，成本的节约与浪费是否奖罚分明。财务成本的定性控制通常是由财务成本控制的监督职能完成的，财务成本监督实际上也就是对财务成本的质的控制，这种定性控制是通过账务监督、制度监督和群众监督等方式完成的。财务成本的定性控制只能保证开支范围符合有关法规规定和财务成本目标范围的要求，不能保证其开支大小也符合有关标准、要求，而定量控制则相反。因此，任何单独的定性控制或定量控制都不能控制财务成本，使其达到预定要求。

（四）专业控制和群众控制相结合的原则

要搞好财务成本控制，必须把专业控制和群众控制很好地结合起来。专业控制是指企业的财务成本控制工作要由专业部门来组织，财务成本控制的方法和手段要由专业部门来拟定，财务成本控制中发生了问题，要由专业部门来帮助解决。所以，没有专业控制，财务成本控制就会放任自流，不能形成一个系统。另外，财务成本控制又是一项群众性工作，广大职工生产在第一线，他们最了解生产经营实际情况，最关心自己的劳动成果，依靠群众参加控制，就能使控制具有广泛的群众基础，更好地激发广大职工的积极性、主动性和创造性，自觉地把财务成本控制好。

（五）责权利相结合的原则

财务成本控制是加强经济核算，落实、巩固经济责任制的重要手段，所以也必须贯彻责、权、利相结合的原则。"责"是要完成财务成本控制指标的责任；"权"是责任承担者为了完成财务成本控制指标，对必须采取的措施所应具有的权限，即实施控制的权力；"利"是根据财务成本控制指标完成的好坏给予责任承担者的奖惩。在财务成本控制中，有责就应该有权，不然就不能完成所分担的责任；有责还应该有利，才具有推动责任承担者努力履行职责的动力。要对各个单位在财务成本控制中所承担的责任进行严格考核，调动他们在财务成本控制中的积极性和主动性。总之，财务成本控制必须有权，否则，就控制不住；要控制还应明确职责，否则，无人负责；同时，还要结合奖励，做到赏罚严明，促使财务成本控制工作做得更好。

此外，在财务成本控制中，还要注意物质鼓励和精神鼓励相结合原则的运用。物质鼓励和精神鼓励都是企业经营激励机制。两者互相结合，但不可相互取代。物质鼓励是社会主义物质利益原则在企业管理中的具体体现。精神鼓励是一种荣誉鼓励，是对职工心理需求的满足，它同样起着激励作用，往往更能调动职工的积极性。片面强调物质鼓励，忽视精神鼓励和思想政治工作，会削弱物质鼓励对促进生产发展的作用；反之，如果片面强调思想政治工作，忽视职工现实的物质利益，就会挫伤职工的积极性，使思想政治教育成为空谈而收不到应有的效果。

三、财务成本控制的内容

（一）成本费用控制

成本费用控制是财务成本控制的核心内容，它的控制好坏直接决定着整个财务成本控制工程的成功与否。成本费用的发生贯穿企业生产经营活动的全过程，因此，凡是有成本费用发生的地方就应该实施成本控制。要实施成本费用控制，就得首先研究成本费用控制的程序、方法和手段，然后运用其基本的控制原理对具体的成本费用项目进行控制，这就构成了成本控制的基本内容。

（二）收入控制

收入主要是指企业销售产品和提供劳务所取得的现金或现金等价物流入量。由于销售收入是由销售价格和销售数量两部分共同形成的，因此对销售收入进行控制，主要是对销售价格和销售数量进行控制，包括工业品价格预测、商品价格预测，各种情况下的商品销售量预测和对销售货款的控制。其中对销售货款的控制具有十分重要的意义，主要采取责任控制、合同控制和货款回收控制等具体措施来实现。

（三）利润控制

利润是企业销售收入与各种成本费用直接配比的结果，是最能体现财务成本控制成绩的财务成果指标。对利润实施控制，可以巩固财务成本控制的最终成果，可以考核各财务成本控制中心的业绩，可以分析影响企业利润升降的具体原因，有针对性地采取措施，巩固成绩，克服薄弱环节，挖掘潜力，为进一步提高企业经济效益奠定基础。利润控制的主要内容有：目标利润和资金利润率的确定和分解，利用量本利分析法和营业杠杆系数对利润进行控制，建立健全利润控制的责任制度等。

第五节　财务成本控制的方法及应用

一、企业在发展过程中要建立成本控制体系

在现代企业发展过程中，企业的财务管理是现代企业管理中的重要组成部分，而其中的成本控制，是许多企业都需要面临的一个问题。因为企业的成本不仅影响着企业在市场竞争中能否占据有利位置，更影响着企业的资金运动和财务规划。所以，在现代企业财务管理过程中，企业就要根据自身的发展状况和经济活动状况来建立完善的成本控制系统。企业要对产品销售环节、应用环节，以及资金运动环节中产生的各种资金运动因素进行准确的把握，依据资金的具体运用状况来合理建设，保障经营机制的平稳有效，促进企业现代化发展。同时企业成本控制系统要与企业的具体发展规划相契合，因时因地制宜，企业要根据内部组织结构的不同，对各种项目的资金运用进

行把握，对各部门的人员进行有效的管理，通过全体员工的一起努力，最大限度地节省运营成本，降低企业的成本负担。另外，企业领导也要对公司的成本控制高度重视，既要注重员工的工作表现，通过提升员工的工作效率来节省运营成本，也要对成本控制的影响因素进行有效分析，建立完善的成本监管体系，尽量降低业务因素，经济活动因素对企业成本的影响，促进企业资金合理使用，将每一分钱都花在刀刃上，保障资金的高效运用。

二、建立完善的成本管理激励机制

要想对企业资金进行有效控制，企业还要建立完善的成本管理激励机制。因为在企业发展过程中员工作为企业管理的核心，对企业经济活动的开展有着重要的影响。而建立完善的成本管理激励机制就是将员工作为企业成本控制的核心，协调好员工与企业之间的发展目标，提升员工工作的积极性。一般而言，企业与个人之间的成本目标存在一定的冲突，这是很多企业在发展过程中都避免不了的问题，而建立完善有效的成本管理激励机制，就是协调好企业与员工个体之间的关系，将员工作为企业发展的核心，通过提升员工的工作积极性，来促进企业整体效率的提升，创造更大的时间效益来满足企业管理成本控制的需要。同时，建立完善的成本管理激励机制，还要鼓励广大员工参与企业发展规划制定的过程中，让员工深入了解企业的发展目标、企业的战略决策，以及企业资金的运用状况，在员工心目中树立良好的企业形象，能够让员工将企业目标与个人发展目标有机地结合，从自身岗位出发，来履行自己的工作职责，积极地提升工作效率，率先实现个人发展目标，通过个体之间的协作努力共同促进公司发展，帮助公司提前实现经营目标。

三、企业要加强财务管理人才队伍的建设

在现代企业发展过程中，企业为了实现成本控制，除了要建立完善的成本管理机制，还要加强财务管理人员队伍建设。目前很多的公司都没有完善的成本控制管理队伍，企业的会计人员及财务管理人员不能帮助企业很好地实现成本控制目标，最大限度地节省资金，提升利润。所以企业的成本控制应该从人才队伍建设角度进行充分考虑，吸收具有专业技能的财务管理人员及会计人员加入公司当中，帮助公司建立完善的成本监管机制，对资金运用状况进行有效的掌控，建立覆盖产品销售、经营活动、经营管理及后期服务的全方位成本控制体系，有效地节省企业资金。另外，企业针对财务部门人员素质的不同，要对财务人员定期地进行培训，通过举办培训活动来加强财务管理人员对相关法律及财务管理知识的理解，充分提升财务管理人员的综合素质和专业技能，让财务管理人员帮助企业制定完善的资金运动规划，提升企业的经济效益。

四、企业要建立成本控制保障体系

企业为了进行有效的成本控制还要建立完善的成本控制保障机制。一方面是要根据企业经营活动中所产生的经济效益进行可靠的计量，另一方面要对企业成本控制的各项措施进行有效的规范，通过建立成本控制规范体系让企业的各项成本控制措施有效实施，充分落实企业的成本控制决策，贯穿到企业资金运动的每个环节，帮助企业最大限度地节约资金。同时，建立成本控制保障措施，还要建立一系列的财务控制程序，企业通过对内部组织架构

的合理调整，人员的合理分工，各个组织部门的职能的划分，来保障内部组织按照既定的成本控制原则开展经济活动，确保资金的高效率运用。另外，在激烈的市场竞争当中，企业要建立有效的成本控制保障，还要对市场变化情况及时地进行了解，针对市场的变动情况建立有效的信息处理模式，通过对市场信息的有效分析来制定合理的经营决策，调整自身的成本控制机制，让自身的成本控制机制符合市场变动的需要，占据有利的市场位置。

五、企业要完善自身的税收筹划机制建设

现代企业进行有效的成本控制还要注重财务管理过程中税收筹划机制的建立，税务成本作为企业成本的重要组成部分，对企业的经营有着重要的影响。所以企业在成本控制体系中建设合理的税收筹划机制可以帮助企业完善自身的成本控制体系，合理地控制税负。因此，企业要在经济活动中的每个环节充分考虑税负对正常经营活动的影响，通过合理的经营规避途径来合理避税，降低税务成本。一般而言，企业税务筹划是指企业在税法许可的范围内，根据我国的税收政策和税收制度充分利用税收政策中的优惠政策来降低企业的认缴税负，根据企业的基本生产活动和经营活动来进行总体规划，合理避税。当然，合理的税收筹划是在基于企业生产工作开展之前而进行的税务规划，旨在促进企业合理避税，企业既要履行自己的税负义务也要遵循相应的政策规定和法律规定，最大限度地降低企业的税务负担。另外，企业的财务管理人员在资金控制过程中既要实行税务筹划来降低企业的税务成本，也要在企业资金运动的过程中合理地把控风险、对风险进行预估，依据预估的结果来判断资金所承受风险的大小，确保资金安全。税务筹划要根据企业经营

活动过程中的风险因素来确定具体的筹划内容和原则，依据企业资金运动的规律和现金流量来建立覆盖企业整体的税务筹划机制，在保障控制成本的前提下合理地规避财务风险，建立有效的风险预警机制来合理地避税，既要保障企业资金运动的有效，也要确保资金的安全，满足企业成本控制的要求。

六、正确处理成本控制与财务管理之间的关系

对于成本控制与财务管理之间的关系，要进行恰当处理，重要的内容是强化对资金的完善与管理，构建更具合理性的财务管理监督机制。强化资金控制是实现成本控制目标的有效方式和手段，而财务监督是保障财务管理工作顺利进行的保障。要重视建立高效的成本监督机制，制定合理的成本控制目标，明确成本控制方向。另外，要重视组建独立的财务审计机构，强化对相关凭证、报表等会计信息的深入监督，及时发现财务管理中的问题和不足，积极上报，加强整改，促进会计工作的顺利进行，形成更优质的企业风气。

七、加快技术创新，促进成本控制的发展

对于企业而言，要重视技术创新，促进成本降低。借助科技优势，实现对产品的改良，提升成本优先战略的科学性。

在现代企业发展过程中，企业要想减轻自身的经济负担就要在经营过程中建立完善的成本控制体系，既要加强财务管理人才的培养，建立专业化的财务管理队伍进行有效的成本控制，也要合理地进行税收筹划，减轻自身的税务负担，形成完善化的成本控制机制，最大限度地节约资金，满足企业正常发展的需要。

第四章　企业财务成本资金、收入与利润控制

第一节　流动资金控制

一、流动资金归口分级控制责任制度的基本内容

流动资金是企业组织生产经营的重要条件，它的使用涉及企业内外各方面的关系，对生产经营活动有直接影响，因此，在企业范围内只有加强流动资金的集中统一控制，才能保证企业的活动符合党的政策和国家法规的要求，促使供产销互相协调、平衡，加速流动资金周转。

实践证明，在流动资金管理工作中贯彻经济责任制的基本方法是实行统一领导下的归口分级控制责任制度。流动资金归口分级控制责任制度的基本内容包括：

1. 在企业负责人领导下，以财务部门作为企业管理资金的专门部门，对企业流动资金进行集中管理。企业财务部门是在企业负责人领导下统一管理流动资金的职能部门，对企业流动资金的筹集、使用和调度负全面责任。财务部门的集中管理主要体现在以下几个方面：

（1）贯彻国家对流动资金管理的方针、政策、法令、制度，并根据企业的具体情况，制定企业内部的流动资金管理办法。

（2）筹集资金满足生产经营的需要。

（3）统一组织流动资金定额的核定，进行企业综合平衡。

（4）将流动资金定额指标分解落实，组织归口分级管理，并对各分管部门流动资金的使用情况进行监督。

（5）统筹调度企业流动资金的使用，平衡财务收支。

（6）集中办理现金出纳、对外结算和银行借款业务。

（7）分析和考核流动资金使用情况，加速流动资金周转，提高流动资金使用效果。

2. 根据使用和管理相结合的原则，每项资金由哪个部门使用，就归口给哪个部门负责管理。工业企业的流动资金按照管用结合的原则，各项资金归口管理的分工一般为：原料及主要材料、辅助材料、燃料、包装物由供应部门管理；工具由工具部门管理；劳保用品由劳动工资部门管理；在产品、自制半成品由生产部门管理；产成品由销售部门管理；待摊费用、应收款项、货币资金等则由财务部门管理等。

3. 各归口管理部门再根据具体情况，将资金定额（或其他有关资金指标）分配给所属单位或个人，实行分级管理。例如，供应部门根据企业的具体情况可将分管的材料按大类或供应环节分别由各条采购供应线、材料仓库或整理准备小组管理；生产部门的产品或自制半成品由各基本生产车间、辅助生产车间或半成品库管理，生产车间还可以再分解到所属工段、班组；待摊费用、应收款项、货币资金等则由财务部门内部分工管理等。

4. 根据权限、责任和利益相结合的原则，对各部门、各级有关人员，明确规定管理和使用资金的权限和责任，制定奖惩办法，纳入岗位责任制。同时，按照责权利相结合的原则，应承担下列责任：保证经管的物资不发生短缺和损坏，保证资金完整无缺；合理组织各项业务活动，节约使用资金，使资金占用不超过定额；力求从改进供应、生产、销售等工作方面压缩资金占用，加速资金周转。

流动资金归口分级控制责任制度是企业内部实行全面经济核算和推行经济责任制的主要方面，贯彻流动资金归口分级控制责任制度，必须做好核定资金定额、按照资金流转过程和经济责任进行指标分解、制定内部结算价格和完善结算形式等工作。没有准确的数量概念和合理界限，就没有考核资金效果的客观标准，经济责任也无法分清。为了充分调动企业各部门和全体职工管理流动资金的积极性，还应建立节约流动资金使用的奖励制度，使企业在流动资金管理上做到权、责、利相结合。

二、存货控制

（一）存货控制的目标

存货是指企业在生产经营过程中为销售或者耗用所储备的物资，包括材料、燃料、低值易耗品、在产品、半成品、产成品、协作件、商品等。

如果企业能在生产投料时随时购入所需的原材料，或者能在销售时随时购入该项商品，就不需要存货，因为有了存货就要占用资金，甚至资金的占用量会很大。但实际上，企业总有储存存货的需要。这种存货的需要出自以下原因：

1. 保证生产或销售的经营需要。实际上，企业很少能做到随时购入生产或销售所需的各种物资，即使是市场供应量充足的物资也是如此。这不仅因为不时会出现某种材料的市场断档，还因为企业距供货点较远而需要必要的途中运输及可能出现运输故障。

2.出自价格的考虑。通常，零星采购物资的价格较高，而整批购买物资在价格上往往有所优惠。但过多的存货要占用较大资金，并且会增加包括仓储费、保险费、维护费、管理人员工资在内的各项开支。

（二）存货控制方法

1.经济订货量法

进货的控制涉及四项内容：决定进货项目、选择供应单位、决定进货时间、决定进货批量。决定进货项目和选择供应单位，是销售部门、采购部门和生产部门的职责。按照存货控制的目标，需要通过合理的进货批量和进货时间，使存货的总成本最低，这个批量叫作经济订货量。有了经济订货量，可以很容易地找出最适宜的进货时间。

与存货总成本有关的变量（影响总成本的因素）很多，为了解决比较复杂的问题，有必要简化或舍弃一些变量，先研究解决简单的问题，然后再扩展到复杂的问题。这需要设立一些假设，在此基础上建立经济订货量的基本模型。

（1）经济订货量基本模型

（2）基本模型的扩展

2.经济生产批量法

在分批生产的企业，每批投产量应为多大才算是最经济，也是一个值得研究的问题，也就是说在成批生产的企业，有个确定经济生产批量的问题。

（1）生产准备成本和储存成本

在上述经济订货量的计算中，订货成本与储存成本起相互制约作用，而在经济生产批量中，不存在订货成本，但在每批产品投产前要耗费生产准备成本。

生产准备成本就是在每批产品投产以前所需的设计图纸、模具、工艺规程、工具等所耗用的人工和原材料等成本。这类成本一般不以每批产量的多少为转移，而是随着全年投产批次的多少而变动，所以相当于经济订货量中的一次订货成本量。

在全年产品投产总量不变的情况下，减少投产批次，可以降低全年生产准备成本，但由于减少批次，会增大批量，使全年储存成本增加；如果减少批量，则可以降低储存成本，但因批量减少而增加全年投产批次，会引起准备成本增加。

（2）经济生产批量的计算

经济生产批量是指产品在生产过程中，全年所发生的准备成本和储存成本之和为最低的每批投产量。可以应用前述的经济订货量的计算原理来计算经济生产批量。

三、现金控制

现金是立即可以投入流通的交换媒介。显然这里的"现金"是广义的现金。它的首要特点是普遍的可接受性，即可以有效地立即用来购买商品、货物、劳务或偿还债务。

（一）现金控制的目标

企业置存现金的原因，主要是为满足交易性需要、预防性需要和投机性需要。交易性需要是指满足日常业务的现金支付需要。企业经常得到收入，也经常发生支出，两者不可能同步同量。收入多于支出，形成现金置存；收入小于支出，需要借入现金。

预防性需要是指置存现金以防发生意外的支付。企业有时会出现意想不到的开支，现金流量的不确定性越大，预防性现金的数额也就应越大；反之，企业现金流量的可预测性强，预防性现金数额则可小些。

投机性需要指置存现金用于不寻常的购买机会。比如，遇有廉价原材料或其他资产供应的机会，便可用手头现金大量购入；再比如，在适当时机购入价格有利的股票和其他有价证券等。

企业缺乏必要的现金，将不能应付业务开支，使企业蒙受损失。企业由此而造成的损失，称为短缺现金成本。短缺现金成本不考虑企业其他资产的变现能力，仅就不能以充足的现金支付购买费用而言，内容上大致包括：丧失购买机会（甚至会因缺乏现金不能及时购买原材料，而使生产中断造成停工损失），造成信用损失和得不到折扣好处。但是，如果企业置存过量的现金，又会因这些资金不能投入周转，无法取得盈利，而遭受另一些损失。

（二）现金管理的有关规定

按照现行制度，国家有关部门对企业使用现金制定了管理规定，目前仍是企业所应遵守的。这些规定主要有：

（1）规定了现金使用范围。这里的现金，是指人民币现钞，即企业用现钞从事交易，只能在一定范围内进行。该范围包括：支付职工工资、津贴；支付个人劳务报酬；支付各种劳保、福利费用以及国家规定的对个人的其他支出；向个人收购农副产品和其他物资的价款；出差人员的差旅费；结算起点（1 000 元）以下的零星支出。

（2）规定了库存现金限额。这里的现金，也指人民币现钞。企业库存现钞，由其开户银行根据企业的实际需要核定限额，一般以三天至五天的零星开支额为限。

（3）不得坐支现金。即企业不得从本单位的人民币现钞收入中直接支付交易款。现钞收入应于当日终了时送存开户银行。

（4）不得出租、出借银行账户。

（5）不得套用银行信用。

（6）不得签发空头支票和远期支票。

（7）不得保存账外公款。包括不得将公款以个人名义存入银行和保存账外现钞等各种形式的账外公款。

（三）现金收支控制

企业在经营过程中，要处理大量的现金收支业务。进行现金收支控制，需要做好以下几个方面的工作：

1.完善企业现金收支的内部控制

企业现金收支，首先应保证不出差错，财产安全完整。这需要完善现金收支的内部控制。主要有：

（1）现金收支的职责分工与内部牵制。这主要指现金的保管职责与记账职责应由不同人员担任，业务的执行要由不同职责的人员共同完成，以防止或减少误差的发生。

（2）现金的及时清理。现金收支应做到日清月结，确保库存现金的账面余额与实际库存额相吻合，银行存款账余额与银行对账单余额相吻合，现金、银行存款日记账数额分别与现金、银行存款总账数额相吻合。

（3）现金收支凭证的管理。包括强化收据与发票的领用制度，空白凭证与使用过凭证的管理等。

（4）按照国务院于1988年10月颁布的《现金管理暂行条例》和中国人民银行1977年11月颁布的《银行结算办法》的有关现金使用规定和结算纪律处理现金收支。

2. 制定现金预算和按预算安排现金收支

从理论上讲，企业如果能使现金收入量与流出量同时等量地发生，便可以极大限度地利用资金，不需要置存现金。但实际上这几乎是不可能的。企业能够切实做到的，是尽可能准确地预测现金流入和流出，确定适当的现金置存额，并及早采取措施合理安排使用多余的现金或弥补现金的不足，以充分发挥现金的使用效益和保证经营的现金需要。

现金预算的内容包括现金收入、现金支出、现金多余或不足的计算，以及不足部分的筹措方案和多余部分的利用方案等。它可以分开编成短期现金收支预算和短期信贷预算两个预算，也可以合在一起编成一个预算。

现金预算实际上是其他预算有关现金收支部分的汇总，以及收支差额平衡措施的具体计划。它的编制，要以其他各项预算为基础，或者说其他预算在编制时要为现金预算做好数据准备。

3. 现金日常管理的策略

现金日常管理的目的在于提高现金使用效率，为达到这一目的，可运用下列策略。

（1）力争现金流量同步

如果企业能尽量使它的现金流入与现金流出发生的时间趋于一致，就可以使其所持有的交易性现金余额降到最低水平。

（2）使用现金浮游量

从企业开出支票，收款人收到支票并存入银行，至银行将款项划出企业账户，中间需要一段时间。现金在这段时间的占用称为现金浮游量。在这段时间里，尽管企业已开出了支票，却仍可动用在活期存款账户上的这笔资金。

（3）加速收款

这主要指缩短应收账款的时间。发生应收账款会增加企业的资金占用，但它又是必要的，因为可以扩大销售规模，增加销售收入。问题在于如何既利用应收账款吸引顾客，又缩短收款时间。企业财务成本控制需要在两者之间找到适当的平衡点，并需实施妥善的收账策略。

（4）推迟应付款的支付

推迟应付款的支付，是指企业在不影响自己信誉的前提下，尽可能地推迟应付款的支付期，充分运用供货方所提供的信用优惠。如遇企业急需现金，甚至可以放弃供货方的折扣优惠，在信用期的最后一天支付款项。

第二节　固定资产投资控制

一、固定资产投资的特点

固定资产投资是指用于固定资产扩大再生产和简单再生产的投资。它既包括基本建设投资，也包括对现有固定资产进行挖潜、革新、改造的投资。

固定资产投资的特点是：

（1）固定资产投资额度较大。企业的固定资产是企业生产经营的技术装备和生产的物质技术基础，所需投资额一般较大，一次需要投入大量的资金。

（2）投资回收期长。固定资产的投资回收期是指该项目所取得的收益，达到回收其投资额所需要的时间。固定资产回收期限较长，一般都在一年以上。

（3）投资的弹性小。固定资产投资方案一旦实施，再做较大范围的改变或调整就相当困难。

（4）投资的风险较大。固定资产投资是一项长期事业，固定资产投资方案一旦实施，所形成的固定资产将长期影响企业的生产和经营，而在这较长的时期内，市场和企业供产销、人财物等因素经常变化，不确定因素较多。

二、投资项目的可行性研究

固定资产投资数额大、投资回收期长、投资的弹性小、投资的风险较大，投资决策的正确与否，不仅关系到投资项目的成败，而且从相当程度上影响企业未来的发展。

投资项目的可行性研究是指综合运用技术科学、经济科学，以及社会科学知识，对投资项目进行系统调查、科学分析和效益评价的过程。投资项目的可行性研究，一般包括以下几方面内容：

（1）该投资项目技术上是否可行。所投资项目在技术上先进、适用、可靠，这是投资项目可行的基本前提。

（2）投资项目经济上是否合理。投资的目的就是取得尽可能好的经济效益。

（3）需要多少投资。进行可行性研究，必须预算项目的总投资支出为多少。

（4）人力、物力资源的供应。能否找到所需管理人员、技术工人和操作人员；所需原材料、燃料、动力等有无可靠而稳定的供应来源。

（5）能否筹集到资金。通过各种渠道，采取各种方式能筹集到的资金能否满足投资需要，投资项目所需资金是否有一定的来源做保证。

（6）市场需求情况。研究市场对本投资项目的产品的需求情况，如本企业产品是否适应市场需要、竞争能力如何，以及产品寿命周期长短等。

（7）需要多长建设时间。建设时间越短，投产越早，收回投资的时间就越早。

（8）自然环境的适应性。如地理位置、气候条件、运输条件、生态环境等，凡是与周围环境严重不适应的项目，该投资方案是不可行的。

三、投资方案决策分析

（一）确定性投资决策分析

上面介绍的经济评价指标是评价投资项目优劣的标准和量度。为正确地进行方案的对比与选优，要从不同投资方案之间的关系着眼，将投资方案区分为独立方案和相互排斥方案两类。对于这类投资方案来说，在资金总量没有限制的条件下，是通过经济评价指标的计算以权衡其经济上是否可行，决定取舍，不存在方案之间的对比、选优问题。如果一定时间内资金总量不足，不可能满足已经选定的经济上可行的全部方案的需要，在这种情况下，已选定的经济上可行的独立方案，也有一个或者优先安排，或者后续安排的抉择问题，因而也就同样要进行相互对比和筛选了。对于相互排斥的方案，则在两个以上的待选项目中，有取必有舍，不能同时并存。

1. 独立方案的决策分析

对于独立方案的决策，常用的评价方法是净现值法和内部报酬率法。一个独立方案的净现值如为正值，说明该方案可实现的投资报酬率大于所用的贴现率，经济上可行；如其净现值为负值，说明该方案可实现的投资报酬率小于要求达到的最低报酬率，经济上不可行；如原投资额相同，净现值越大，说明可实现的投资报酬率越高。同时，如果方案的内部报酬率大于要求达到的最低报酬率，经济上可行；小于要求达到的最低报酬率，经济上不可行。

2. 互斥方案的决策分析

互斥方案的选优，可用差量分析原理进行比较，增量投资如能获得要求达到的最低报酬率，则增量投资经济上是可取的，具体可计算增量投资净现值或增量投资内部报酬率。

增量投资的内部报酬率大于要求的最低投资报酬率，投资额大的方案较优；反之，投资额小的较优。

（二）风险投资决策分析

前面在讨论投资决策时，曾假定现金流量是确定的，即可以确知现金收支的金额及其发生时间。实际上，投资活动充满了不确定性。如果决策面临的不确定性比较小，一般可忽略它们的影响，把决策视为确定情况下的决策。

投资风险分析的常用方法是风险调整贴现率法和肯定当量法，现分别介绍如下：

1. 风险调整贴现率法

投资风险分析最常用的方法是风险调整贴现率法。这种方法的基本思想是对于高风险的项目，采用较高的贴现率去计算净现值，然后根据净现值法的规则来选择方案。问题的关键是根据风险的大小确定包括了风险因素的贴现率，即风险调整贴现率。

风险和报酬的基本关系是风险越大要求的报酬率越高。各投资项目的风险大小是不同的，在投资报酬率相同的情况下，人们都会选择风险小的投资，结果竞争使其风险增加，报酬率下降。最终，高风险的项目必须有高报酬，否则就没有人投资；低报酬的项目必须风险很低，否则也没有人投资。

2. 肯定当量法

为了克服风险调整贴现率的缺点，人们提出了肯定当量法。这种方法的基本思路是先用一个系数把有风险的现金收支调整为无风险的现金收支，然后用无风险的贴现率去计算净现值，以便用净现值法的规则判断投资机会的可取程度。

（三）投资方案的敏感性分析

对投资方案进行评价时，所依据的各种参数—年净收益、固定资产的寿命期和残值等都是估计值。由于主观估计上的误差和客观情况的变化，使实际发生数与原估计数有偏离，从而使实际结果同原先分析所得的结论不同。原来认为可接受的方案，可能会变得不可接受，原来认为最优的方案可能变成不是最优的了，以致给企业造成被动局面，并给企业带来经济损失，为了避免这种情况发生，在决策时，应对各项数据偏离估计数可能造成的影响有多大程度进行分析，这种分析称为敏感性分析。通过敏感性分析，可以使人们预见到，预计的某一相关因素在多大范围内变动，还不会影响原定决策的有效性，超过一定范围，原来的选择就不得不进行修正了，这样，就可以避免对原来分析评价所得的结论作绝对化理解，而且便于事先考虑较为灵活的对策和措施，以防止因决策失误而给企业带来不应有的损失。如果测出某一相关因素的敏感性很强，决策分析者有必要通过调查研究，对这一相关因素再做一次更加慎重的预测，并据以对投资项目重新评价和选择，若原投资项目仍然中选，那么就应拟定对策，以防不测。可见敏感性分析对投资项目的正确评价和投资决策的正确执行，具有十分重要的意义。

投资决策的敏感性分析可以采取测算相关因素变动对项目投资决策指标的影响程度，或测算能够保持项目评选原有结论不变的容许变动范围。

第三节　销售预测分析

一、以销定产下的商品销售量预测

（一）销售预测的意义

销售预测是根据某种产品历史的销售资料和其他有关数据，对其在未来一定时期内的销售变动趋势进行科学的判断和预计，以确定该种产品的销售量（销售额）的期望值。搞好企业的销售预测不仅有利于提高企业经营决策的科学性，而且还可以使企业的经营目标同社会生产的发展和人民消费的需要相适应，便于以销定产，使企业产品的生产、销售、调拨和库存之间密切衔接，从而提高企业的经济效益。如果企业预测销售量扩大，企业就需要追加一定资金；如果企业预测销售量缩小，企业就要压缩生产，把剩余的那部分资金作其他方面的投资，增强企业的盈利能力，避免资金闲置。

（二）销售预测的基本要求

销售预测是一项复杂、细致的工作，为保证这一工作能够达到预期的效果，避免不必要的疏漏和失误，在进行实地销售预测时，应当遵循的基本要求有：

1. 大量占有市场信息

销售预测实际上是根据大量销售资料，对有关产品未来的市场需求所进行的科学分析和测算。为保证销售预测工作的正常开展，首先必须获取同市场需求相关联的各种信息，其中包括过去的和现在的、实际的和预计的、数量的和非数量的等。

2. 综合考察影响因素

销售预测同市场需求的变动密切相关，而影响市场需求变动的因素又是错综复杂的。为保证预测结果的正确可靠，就必须对涉及市场需求的各种因素，如内部因素和外部因素、经济因素和技术因素、现实因素和潜在因素等，进行全面、客观的考察和分析，据以得出正确、可信的预测结果。

3. 运用正确的分析方法

正确的预测结果，离不开正确的分析（预测）方法。为使销售预测结果能符合企业的实际销售情况，在选择和运用预测方法的问题上，必须将定量的分析方法和定性的分析方法有机地结合起来，相互取长补短，不可偏废。这是因为在影响销售发生变动的各种因素中，有些因素的影响方面和程度可以用特定的方法进行精确的计量和测算，并能将其结果以数量形式给予集中反映。但是，另外还有一些因素，它们对销售变动所产生的影响，很难像前者那样精密化、定量化，只能借助管理者的专业知识、实践经验和综合分析能力，对有关因素的影响方向和程度做出某种主观判断和估量。

4. 正确对待预测结果

销售预测是紧紧围绕着瞬息万变、竞争激烈的市场情势而展开的，其预测结果往往带有某种局限性，或者存在某种不确定性。因此，不论是用什么方法得到的预测结果，都应采取客观的、实事求是的态度正确对待，切忌将其绝对化。这是因为在变化迅速、竞争激烈的市场条件下，必然存在着由多种原因所导致的市场风险。这样，在进行销售预测时，就应充分估计各种市场风险发生的可能性及其大小，并尽可能采取相应的预防措施，以避免或减少风险，使销售预测结果最大限度地符合企业实际经营情况。

5.全面兼顾社会效益

作为社会主义公有制的工业企业，特别是国有大中型企业，它们在国民经济中占主导地位，在对有关产品进行销售预测时，必须努力做到：既要考虑本企业未来一定期间的局部利益，又要考虑整个社会长远的全局利益；既要保障本企业全体职工的经济利益，又要保障广大人民群众的经济利益，适应国家宏观调控的需要。

（三）销售量预测的基本方法

科学的预测依赖于科学的预测方法。销售量预测的基本方法有很多，但归纳起来只有两种：定性预测法和定量预测法。

1.定性预测法

定性预测法又称直观法或经验判断法。它是根据已有的资料，依靠个人或集体的经验、智慧和分析能力，在调查研究的基础上，通过逻辑推理、观察判断，对某一未来事件的发展趋势做出判断和推测。

第一，统计调查法。

（1）全面调查。全面调查是对涉及某一产品的所有销售对象进行逐个了解，经综合整理后，探明该产品在未来一定时间内销售量的增减变动趋势。

（2）重点调查。重点调查是通过对有关产品在某些重点销售单位历史销售情况的调查，经综合分析后，基本上掌握未来一定时间内产品销售变动的总体情况。

（3）典型调查。典型调查是指有意识地选择具有代表性的销售单位或用户，或有关因素进行系统、周密的调查，经分析综合后，总结出有关产品需求变化的一般规律，借以全面了解它们的销售情况。

第二，专业人员评定法。

（1）经理评定法

经理评定是由企业负责产品推销业务的有关经理人员，根据他们所拥有的学识和在长期销售工作中积累起来的丰富经验，对其所掌握的历史销售资料进行分析评价后，对有关产品未来期间的销售变动趋势做出判断。

（2）专家意见法

此法又称为德尔菲法。它是应用专家的专业知识和经验加以预测。

（3）销售人员预测法

销售人员预测法，就是请本企业的推销人员或商业部门的业务人员对市场情况进行预测，然后汇总成整个企业的预测数。其步骤是：

①选择有一定专业知识和工作经验的基层推销人员与销售主管。

②以一定的方式征询他们的预测意见，征询前要向他们提供必要的参考资料，让他们结合经验提出判断。

③统计、分析、整理他们的意见。

④综合预测者的意见，提出预测结果。

由于销售人员各负责一个地区，而商业部门人员处于销售第一线，因此他们对当地的经济发展情况比较熟识，预测的结果也比较接近实际。

第三，其他方法。

（1）主观概率法。主观概率法是指有关人员（专家）对某种产品销售量发生增减变动的概率做出主观估计，经一定的计量、推算后，预计该产品未来期间销量增减变动的基本趋势。

（2）市场因子法。市场因子是指在产品销售市场中客观存在的、能对某种产品引发实际需求的有关因素。所谓市场因子法，就是通过对影响某种产品市场需求变动的有关因素进行分析、测算，推断出该产品在未来期间的市场容量。

（3）用户期望法。用户期望法也称用户意见法。就是通过对直接购买、使用其产品的用户进行调查，以预测市场销售量的方法。该法的优点是直接、迅速，能大大缩短信息的反馈时间。同时，这种方法还可以充分发挥销售人员的作用，使其在负责的销售地区边销售边预测，既节省了时间和经费，预测结果又较为切合实际。

（4）头脑风暴法。是指采取会议形式，由与会人员就某一预测问题自由地进行思考和讨论，从而进行预测的一种方法。这种方法要求主持会议者一般不发表意见；与会者不相互批判，自由发表意见，互相启发。采用头脑风暴法往往会涌现出许多新思想、新观念、新方案。

2.定量预测法

定量预测法又称为数据分析方法，首先，它主要是根据某一事件的历史变动资料，运用特定的方法对其进行加工、改制或延伸，确定该事件的有关影响因素之间的数量关系和它的变化规律。其次，据以测知未来。这种方法通常在拥有系统、完备的历史观察数据，或者对影响未来事件发生变动的有关因素定量化的情况下采用。定量预测法一般包括的具体方法有：简单平均法，移动平均法，趋势平均法，指数平滑法，直线回归预测法，指数曲线法，曲线回归预测法，先导指标法和市场调查预测法。

二、以产定销下的商品销售与预测

在社会主义市场经济的条件下，除了由产需双方签订经济合同和根据市场行情来安排生产和销售，还有一部分企业是由国家宏观计划指令下安排生产和销售。这种销售方式属于以产定销型。对这类企业的商品销售预测，我们要注意以下几个方面：

1. 工业企业的生产计划是确定产品销售量的主要依据。凡是由国家下达生产任务的工业企业，企业应根据生产能力的可能性，安排自己的生产计划。按国家计划生产的产品，其销售数量也由国家有计划地分配。为了鼓励企业增产节约，增强活力，国家允许企业如有超计划的产品，可以自行组织销售。

2. 期初、期末产品结存量对销售量的影响。在连续性生产的工业企业中，产品不间断地生产。因此，凡是期末生产的产品，往往不可能在当期完全销售出去。所以，在按照生产计划确定计划销售量时，必须同时考虑到期初、期末产品结存量的影响。计算公式如下：

预计期产品销售量 = 期初结存产品数量 + 本期产品生产数量 - 期末结存产品数量

此外，由于企业之间的货款结算很多是采用托收承付结算方式的，在这种条件下，期末发出商品的预计数一般不列入销售量的计划数。因此，上列公式中的期初（末）结存产品数量，通常包括库存产品数量和发出商品数量两个部分，而发出商品既包括正常结算过程中尚未收到货款的部分，也包括购买单位拒绝承付而代为保管的商品在内。

3. 期初结存产品数量和期末结存产品数量的预测。计划期初结存产品数量就是上期期末结存产品数量。但由于编制计划有提前的要求，而基期期末结存产品数量的实际数尚未结出，因此，一般只能采取预测的方法加以确定。计算公式如下：

期初结存产品数量 = 基期三季度末实际结存产品数量 + 基期第四季度计划生产量 — 基期第四季度计划销售量

计划期末结存产品数量，一般可根据计划期第四季度的平均日产量和成品资金定额日数计算确定。计算公式如下：

产品期末结存数量 = 计划期第四季度平均日产量 × 成品资金定额日数

在产销条件比较稳定的工业企业中，期末结存产品数量也可以用简单化的方法加以确定，即在基年年末预计结存产品数量的基础上，考虑计划期生产量的变动情况加以调整。

第四节　收入控制

一、销售合同控制

销售是企业生产的最终环节，企业生产的产品，只有及时地销售出去，收回货款，才能确保企业生产周而复始地循环进行。因此，要使企业生产经营活动能正常进行，就必须把供销活动中商品的买卖关系用合同固定下来。

销售合同是经济合同的一种，是企业销售部门在产品销售活动中，与购货方签订的具有法律效力的契约文本。它规定了购销双方的权利和义务，即销售方应按合同规定的条件，将其所有的或由其管理的财产及所有权或经营管理权移交给购货方，购货方应按协议要求支付相应的价款。

（一）销售合同的业务组织

1. 组织参加全国集中订货会。全国集中订货一般由国家物资主管部门召开全国订货会，以国家物资分配计划为依据，进行供需衔接签订合同。

2. 组织参加地区订货会。大多企业都能直接参加这种订货会。企业参加这种订货会，可以直接提报资源明细表和需要明细表，与购货方签订购销合同。

3. 组织参加"定点定量"订货会。"定点定量"订货也是由国家业务主管部门统一组织，企业销售部门可以派员直接参加，与购货方直接签订购销合同。

4. 企业自行组织订货会。企业销售部门可以根据市场调节的需要，单独组织本企业的订货会，也可联合同行业企业组织订货会。

（二）销售合同的管理制度

要加强销售合同的控制，就必须制定严密的规章制度；企业销售管理者应经常地监控销售人员遵守制度的情况，及时发现违章违规现象，并予以纠正。

1. 建立销售合同管理制度

为了严格加强对销售合同的控制，企业销售主管部门应按照《中华人民共和国民法典》等有关法律法规，并结合本单位的实际情况，建立健全企业销售合同管理制度。其主要内容包括：

（1）建立合同日常监督制度。

（2）建立定期核对合同制度。

（3）对与合同管理有关人员要制订责任制。

（4）建立合同的审批制度，包括制订合同的传递、登记、保管、注销等的分级管理办法。

（5）建立合同执行情况的考核制度。

（6）建立企业合同审计制度。

2. 加强销售合同业务管理

销售合同的签订，还仅是销售业务开展的第一步。最主要的是如何根据合同的要求，履行好合同，收回货款才算完成合同。

3. 销售合同的台账控制

企业销售主管部门应建立销售合同台账、报表制度，以加强对销售合同的控制。销售合同的台账有很多种，有按产品的类别分类登记的销售登记账，有针对一些主要业务内容用于备查的登记账。

二、货款回收控制

企业收回销货款的形式依其商品销售形式、销售合同规定的条件不同，有现金、转账支票（同城结算）、银行汇票、托收承付、委托收款等多种形式。以现金、转账支票、银行汇票等形式收回货款，基本上不存在货款回收风险问题；而后几种形式，可能会因购货方违约、无力支付等多种因素的影响，而形成货款回收困难的风险。

（一）应收账款控制的目的

应收账款是企业因赊销（指货物在交货或改变法定所有权以后才支付货款）商品或劳务而对其他单位或个人的货币资金索取权，它反映企业赊销的销售额。应收账款属于企业债权性流动资产，就其占用本身来看，不能带来任何资金收益，因此，从企业营利性要求出发，应尽力压缩应收账款。但它是企业向顾客提供的一种信用条件，而信用条件的优劣，影响到企业的信誉和销售利润额。

（二）应收账款控制

1. 制定总的信用政策

制定对顾客的信用政策，其依据是对顾客信用状况的全面调查和分析，主要从以下五个方面着手，分析研究顾客的信用状况。

（1）品质。是指债务到期，顾客将履行偿还债务的可能性。

（2）能力。指顾客的还债能力，可以根据顾客资产的流动性做出判断。

（3）资本。资本状况可以衡量企业的实力并反映其盈利状况。

（4）担保品。是指客户拒付时能被用来作为抵押的资产。

（5）环境。环境是指市场的竞争环境，包括总的经济形势和竞争状况。

2. 加强应收款的催收工作

尽管企业制定了具体的信用政策，但由于经济环境的复杂多变，仍难免会有逾期未付的账款发生，这就要求管理部门提高认识，加强对应收款的催收工作。主要是：

（1）建立一个能够及时提供应收账款最新情况的管理信息系统。

（2）制定严谨恰当的催收程序。为确保企业既能及时收回货款，又不至于因催收措施不当而损害与顾客的良好关系，有必要确定合理的收账程序。

（3）借助银行的力量。由于各单位之间的一切经济往来，除结算起点以下的零星开支之外，都必须经过银行进行转账结算。

第五节　本量利分析

一、本量利分析基础概述

（一）本量利分析的含义

本量利分析，又称多量本利分析，它是指在对成本按形态划分的基础上就成本、业务量、利润三者之间的依存关系所进行的分析。通过对这种联系的研究，可为企业规划、控制，乃至决策提供必要的经济信息和相应的分析手段。

本量利分析是现代成本管理的重要组成部分。运用本量利分析不仅可为企业完成保本、保利条件下应实现的销售量或销售额的预测，而且若将其与风险分析相联系，还可为企业提供化解经营风险的方法和手段，以保证企业既定目标的实现。

（二）本量利分析的基本假定

为了便于揭示成本、业务量及利润三者之间的数量关系，在成本管理中以本量利分析时通常以下述假定为前提：

1.成本按形态划分且采用变动成本法假定

这是指所有的成本费用均按成本性态划分为变动成本与固定成本两大类，对成本按形态进行划分而得到的固定成本和变动成本，是在一定业务量范围内分析和计量的结果，业务量发生变化特别是变化较大时，即使成本的形态不发生变化（成本性态是有可能变化的），也需要重新加以计量。当然这就构成了新的业务量假设了。期间假设与业务量假设之间是一种相互依存的关系。这种"依存性"表现为在一定期间内业务量往往不变或者变化不大，而一定的业务量又是从属于特定的期间。换句话说，不同期间的业务量往往发生了较大变化，特别是不同期间相距较大时更是如此，而当业务量发生很大变化时，出于成本性态分析的需要，不同的期间也就由此划分了。

2.相关范围及线性假定

假定在一定时期内，业务量总是在保持成本水平和单价水平不变的范畴内变化，于是固定成本总额的不变性和变动成本单位额的不变性在相关范围内能够得以保证，成本函数表现为线性方程。这一假定排除了在时间和业务量变动的情况下，各生产要素的价格、技术条件、工作效率和生产率以及市场条件变化的可能性。总之，假定在一定期间和一定业务量范围内，成本与销售收入分别表现为一条直线。

3.产销平衡与品种结构稳定不变假定

这是假定企业生产的产品总能在市场上找到销路，从而实现当期产与销的统一；在各品种生产条件下，当以价值形态表现的产销总量发生变化时，假定其各产品的销售额在全部产品销售总额中所占的比重并不发生变化。

4.目标利润为营业利润假定

本量利分析中涉及的一个重要指标是利润。在我国，企业财务会计报表中，用于反映利润的指标主要包括产品销售利润、营业利润、利润总额，以及净利润等。以上有关本量利分析的一系列假定，显然是对企业日常具体而复杂的经济业务活动所进行的一种简单化的抽象，这种抽象结果不仅为深入揭示成本、业务量，以及利润三者之间的内在联系创造了条件，而且也对初学者理解和掌握本量利分析提供了方便。但是我们也应该看到，企业现实的生产经营活动往往会超越上述假定，这就对本量利分析方法的实际应用提出了更高的要求，即切忌盲目套搬滥用。成功的运用必须结合企业自身的实际情况。在运用本量利分析原理进行预测或规划的基础上辅之以必要的调整或修正，或从更深层次的角度研究建立适合本企业特点的诸如在完全成本法条件下、产销不平衡条件下或非线性条件下的本量利分析模型，从而克服原有本量利分析方法的局限性，使其得到广泛的应用。

二、本量利分析的方式方法

（一）本量利分析的基本方程式

建立本量利方程式涉及售价、单位变动成本、产销量、固定成本总额、目标利润五个基本因素。依据上述诸因素之间的关系，即可建立有关本量利分析的基本方程式。

目标利润=销售收入—销售成本=销售收入—（变动成本总额—固定成本总额）

1.本—量—利（CVP）和价值链

在生产产品和提供劳务的过程中，一个组织要进行一系列的活动才能取得向客户交货的结果。生产产品或提供劳务的一系列活动称为价值链，因为这一链条上的每个环节都会增加消费者购买产品的价值。本—量—利（CVP）分析在价值链的各个环节均可得到应用。

2. 保本分析的关键是保本点的确定

保本点，是指能使企业达到保本状态的业务量的总称。即在该业务量水平上，企业收入与变动成本之差刚好与固定成本持平。在我国，保本点又被译作盈亏临界点、盈亏平衡点、盈亏两平点、损益两平点、损益分界点、损益转折点、损益均衡点、损益平衡点、营业平衡点、彼此相等点和够本点等。

（二）盈亏临界分析

盈亏临界分析是本量利分析的一项基本内容，亦称损益平衡分析或保本分析。它主要研究如何确定盈亏临界点、有关因素变动对盈亏临界点的影响等问题，并可以为决策提供在何种业务量下企业将盈利或在何种业务量下会出现亏损等信息。

盈亏临界点的确定

盈亏临界点，是指企业收入和成本相等的经营状态，即边际贡献等于固定成本时企业所处的既不盈利也不亏损的状态。通常用一定的业务量来表示这种状态。

（1）盈亏临界点销售量

就单一产品企业来说，盈亏临界点的计算并不困难。计算利润的公式为：

利润 = 单价 × 销量 − 单位变动成本 × 销量 − 固定成本

令利润等于零，此时的销量为盈亏临界点销售量。

0=单价×盈亏临界点销售量—单位变动成本×盈亏临界点销售量–

固定成本盈亏临界点销售量=固定成本/（单价—单位变动成本）

（2）盈亏临界点销售额

单一产品企业在现代经济中只占少数，大部分企业产销多种产品。多品种企业的盈亏临界点，尽管可以使用联合单位销量来表示，但更多的人乐于使用销售额来表示盈亏临界点。

利润计算的公式为：

利润=销售额×边际贡献率—固定成本

令利润等于零，此时的销售额为盈亏临界点销售额。

0=盈亏临界点销售额×边际贡献率—固定成本盈亏临界点销售额=

固定成本/边际贡献率

（3）盈亏临界点作业率

盈亏临界点作业率，是指盈亏临界点销售量占企业正常销售量的比重。所谓正常销售量，是指正常市场和正常开工情况下，企业的销售数量，也可以用销售金额来表示。盈亏临界点作业率的计算公式如下：

盈亏临界点作业率=盈亏临界点销售量/正常销售量

三、本量利的敏感性分析

敏感性分析是一种应用广泛的分析方法，不仅限于本量利关系分析中。

通常，这一方法研究的是，当一个系统的周围条件发生变化时，导致这个系统的状态发生了怎样的变化，是敏感（变化大）还是不敏感（变化小）。但由于各因素在计算盈亏临界点和目标利润的过程中作用不同，影响程度当然也就不一样，或者说盈亏临界点和目标利润对不同因素变动所做出的反应在敏感性上存在差异。本—量—利关系中的敏感性分析主要是研究两个方面的问题：一是有关因素发生多大变化时会使企业由盈利变为亏损，二是有关因素变化对利润变化的影响程度。

（一）分析相关因素变动对利润的影响

在决定任何生产经营问题时，都应事先分析拟采取的行动对利润有何影响。如果该行动产生的收益大于它所引起的支出，可以增加企业的盈利，则这项行动在经济上是可取的。虽然企业在决策时需要考虑各种非经济因素，但是经济分析总是最基本的，甚至是首要的分析。

影响利润诸因素的变动分析，主要方法是将变化了的参数代入本量利方程式，测定其造成的利润变动。

（二）分析实现目标利润的有关条件

上面的分析，以影响利润的诸因素为已知数，利润是待求的未知数。在企业里有时会碰到另一种相反的情况，即利润是已知数，而其他因素是待求的未知数。例如，经营承包合同规定了利润目标，主管部门下达利润指标，或者根据企业长期发展和职工生活福利的需要而确定企业必须达到特定利润水平等。在这种情况下，应当研究如何利用企业现有资源，合理安排产销量、收入和成本支出，以实现特定利润，也就是分析实现目标利润所需要的有关条件。

（三）敏感分析

敏感性分析是分析当某一因素发生变化时，会引起目标值发生什么样的变化以及变化的程度的一种方法或技术。在本量利分析中，进行敏感性分析的主要目的有：研究能引起目标发生质变（由盈利转为亏损）时各因素变化的界限；各个因素的变化对利润变化影响的敏感程度；当其他因素变动时如何调整销量或单价，以保证原定的目标利润得以实现。如果说，盈亏临界分析主要研究利润为零的特殊经营状态的有关问题，那么变动分析则主要研究利润不为零的，一般经营状态的有关问题。

敏感分析是一种有广泛用途的分析技术，其应用领域不仅限于本量利分析。通常，它是指研究与分析一个系统因周围条件发生变化，而引起其状态或输出结果变化的敏感程度的方法。敏感分析是在求得某个模型的最优解后，研究模型中某个或若干个参数允许变化到多大，仍能使原最优解的条件保持不变。

在前边的盈亏临界分析和变动分析中，曾认为除待求变量外的其他参数都是确定的。但是，实际上，由于市场的变化（原材料价格、产品价格、供求数量等波动）和企业技术条件（原材料消耗和工时消耗水平波动）的变化，会引起模型中的参数发生变化，使得原来计算出来的盈亏临界点、目标利润或目标销售量失去可靠性。量本利关系的敏感分析，主要研究与分析有关参数发生多大变化会使盈利转为亏损，各参数变化对利润变化的影响程度，以及各因素变动时如何调整销量，以保证原目标利润的实现等问题。

第六节 利润控制制度

一、利润控制和责任制度

(一)利润控制

利润控制就是根据利润计划的要求,对影响目标利润实现的各种因素进行管理,以便增加企业收入,压缩各种费用支出。利润是一项综合指标,它集中体现了企业生产经营活动的财务成果。所以,进行利润控制必须做好企业的各方面工作,一般来说,利润控制主要包括以下几个方面的内容:

1. 企业必须充分挖掘潜力,压缩各项费用支出,降低产品成本,提高产品质量,以增强产品在市场上的竞争力。

2. 企业要面向市场,了解市场的需求变化,努力开发新产品,以满足市场的需求。

3. 企业必须经常收集各种市场信息,积极调整生产经营策略,调整计划中不切合实际之处,以保证企业经营目标的圆满实现。

4. 加强各方面的管理,建立责任制,充分调动全体职工的积极性,将责权利结合起来,以保证各项生产经营计划的实现。

5. 充分利用企业的闲置资金进行投资。在资金市场日益发达的情况下,企业必须充分预测各种投资的风险和收益,根据企业自身财务状况,选择最佳投资组合,以增加投资收益,减少投资损失。

（二）责任制度

经济责任制是一个以经济权力、经济责任和经济利益三者相结合为内容的，国家，企业，个人的责、权、利相关联的生产经营管理制度。完善经济责任制，能把企业每一个工人和干部的责任、权力和经济利益紧密地结合起来，能把每一项生产任务和工作任务，以及每一项奋斗目标，都逐级落实到部门、岗位和个人，从上到下形成一个完整、纵横连锁、协调配合的目标管理体系和考核体系。

为了适应企业内部经济责任制的要求和分级分权管理的需要，企业要在内部建立若干经济责任中心，并对各责任中心分工负责的经济活动内容、进程和成果，进行规划、评价和控制。这就需要把会计资料同有关责任中心紧密联系起来，强化企业内部管理，通常包括以下几个方面的基本内容：

1. 划分责任中心

责任中心是根据各责任层次能够严格进行控制的活动区域来划分的。一般分为成本（费用）中心、利润中心和投资中心三类。划分责任中心，给企业内部各责任中心以相应的生产经营权利，是为了保证各责任中心有条件承担经济责任。投资中心、利润中心和成本（费用）中心都是利润控制责任制度的具体形式，它们上下结合、层层控制、分工负责，形成企业内部利润控制组织体系。

2. 规定权责范围

对于企业内部各责任中心，应根据权责统一的原则和生产技术的特点，明确规定其所承担的经济责任和应拥有的经济权利，否则有关责任中心就难以充分发挥其生产经营的积极性和主动性，就不可能完全落实经济责任和实行真正的管理和控制。

3. 编制责任预算

科学地分解企业生产经营的总目标，为责任中心编制责任预算。通过指标分解，明确经济责任，做到局部与整体的统一，使各责任中心在完成企业总目标中，明确各自的目标和任务，并作为控制其经济活动的主要依据。

虽然需要分解的总指标项目不尽相同，但是一般包括以下三个方面的经济责任指标：(1)生产成果方面，如利润、产量、质量、品种等。(2)劳动消耗方面，如成本、劳动生产率等。(3)资金运用及利用方面，如资金周转率、资本金净利润率等。具体地进行指标分解，落实经济责任，首先要从横向上把指标分解到有关部门和职能科室及后勤单位，然后从纵向上自上而下地分解到车间，再从车间分解到班组，有的还要分解到个人。

4. 建立责任会计核算体系，编制责任会计报告

为了把经济责任同会计数据联结起来，实现经济责任的制度化和数量化，必须建立一套完整严密的责任会计核算体系，围绕责任中心的成本、收入、利润、资金进行信息的收集、整理、记录、计算、积累有关责任预算的执行情况，并根据核算要求，以便及时了解各责任中心开展生产经营活动的情况和结果，控制其经营活动，并督促其及时采取有效措施，改进工作，巩固成绩，不断提高经济效益。

5. 进行分析与考评

为了充分调动各个责任承担者的工作积极性和主动性，必须根据各责任中心的责任报告，经常分析实际数与预算数发生差异的原因，及时通过信息

反馈，并督促有关单位及时采取切实有效措施，纠正缺点，巩固成绩，不断降低成本，扩大利润，提高经济效益。

6.落实物质利益分配

经济利益是责任者进行生产经营活动的动力。实行严格的奖励制度，把企业各方面的经济责任与物质利益直接结合起来，是实行经济责任制的关键内容。

二、建立利润控制制度的基本原则

利润以及利润率指标是衡量企业一定时期内生产经营管理水平的重要综合性指标，在企业财务指标体系中居核心地位。因此，建立好利润控制制度，具有重要意义。它的建立应遵循以下基础原则：

（一）效益性原则

效益性原则是企业生产、经营、管理各个方面都应遵循的基本原则。在建立利润控制制度时，优先考虑的是企业要不断提高经济效益这一目的。

（二）适用性原则

利润控制制度的适用性，不仅表现在制度条文的文字表述上要观点鲜明、范围明确、界限清楚、行文缜密，而且体现在制度的内容上。利润控制制度制定得不能太松，又不能太紧。相反地，如果制度规定得太紧，束缚太严，标准太高，则会导致有章难循，对企业生产和销售以及管理工作带来不利影响，使目标利润不能顺利实现。

（三）稳定性原则

利润控制制度要保持相对稳定，就必须在建立制度时，深入实际，进行调查研究，了解现状，分析未来，预测发展趋势。只有深入细致地分析研究企业经济管理的现状与趋势，才能使建立的利润控制制度既能满足企业当前实际工作的需要，又能保持相对稳定性。

（四）一致性原则

一致性原则是指责任者权责范围的确定、责任预算的编制，以及责任者成绩的考评，应该促使责任者协调地为企业利润目标的实现而努力工作，保持各层次的责任目标同企业利润目标相一致，使责任者的利益同企业整体利益保持一致性。在分解企业利润目标时，必须根据企业总目标，把产品、产量、品种、质量，以及资金、成本、利润等经济指标落实到责任单位和责任人员，把责任单位有机地联成一个整体，形成一个多层次、上下联系、左右制约的指标体系，保证目标利润的实现。

（五）适时反馈原则

利润控制制度要求能及时、准确、可靠地反馈企业内部各环节、各方面的经济责任和经济活动的信息，以便及时、准确、恰当地做出决策，加强企业内部的经济管理，从而提高经济效益，实现目标利润。

（六）激励原则

不断提高责任者的积极性和创造性，是增强企业活力的源泉。利润控制制度要灵活运用各种形式，向责任者注入物质动力和精神动力，激励职工为实现目标利润而努力。这首先要对各责任中心制定明确而合理的奋斗目标，其次通过严密的日常控制，及时表扬正确的行为，纠正错误的行为，并根据企业的具体情况和企业内部各核算单位的生产技术经济情况，采取多种形式的奖励。

三、利润控制制度

建立企业利润控制制度，首先，要在制度中明确利润总额的构成内容，除了营业利润和营业外收支净额，还应将企业对外投资净收益列入企业利润总额。其次，要用制度规范企业利润总额的预测、计划、考核和分析工作；要在制度中规定预测和分析利润总额计划编制的机构、人员和时间；规定预测和计划工作的程序和内容；明确预测和计划工作方法的选择原则；明确考核和分析工作的内容和要求。

（一）利润总额的考核和评价制度

利润额指标包括主营业务利润额、营业利润额、利润总额。在考核时，要将本期实际利润额分别与计划利润额、与前期实际利润额进行比较，并结合营业收入、生产经营成本、费用计划的完成情况进行评价。

利润率指标可以根据企业考核和评价的要求以及企业生产经营的特点来设计。一般来说，可以考核企业的资本金利润率、营业收入利润率（或销售收入利润率）、成本费用利润率等指标。

1.本金利润率是用企业利润总额除以资本金总额求得的。这一指标主要用来衡量企业投资者投入资本金的获利能力，是投资者最关心的反映获利能力的指标；这一指标也可以用来衡量企业负债资金成本的高低。

2. 营业收入利润率是用企业营业利润除以营业收入求得的，它可以用来衡量企业营业收入的收益（净额）水平。销售收入利润率是产品销售利润除以产品销售收入求得的。

3. 成本费用利润率是营业利润总额除以成本费用总额求得的，它可以用来衡量企业成本费用与利润的关系，同时反映了企业投入与产出的水平，即所得与所费的比例，它可以用来评价企业经济效益的高低。

考核和评价企业的财务成果，必须同时使用利润总额和利润率指标，这样既可以了解企业财务成果的大小及其发展趋势，又可以评价企业的获利能力和盈利水平。在定期考核和评价企业的利润额和利润率时，除了将本期实际数分别与本期计划数和前期实际数进行比较，还应当与其他企业进行比较，只是要注意企业之间在技术经济条件、自然经济条件和社会经济条件等方面的可比性。

（二）利润总额的分析制度

鉴于利润总额在企业中的重要作用，利润总额的分析应该包括事前的预测分析、事中的控制分析和事后的检查分析。

事前的预测分析主要用于企业利润总额的预测和计划的编制工作中，包括各种定性分析和定量分析方法。

事中的控制分析是指在计划执行过程中，适时分析利润总额计划的完成程度，从而调整和控制生产经营活动。

事后的检查分析主要是查找企业利润总额增加或减少的原因，寻求进一步增加利润的途径。在事后的检查分析中，还应当分析企业利润总额构成内容中各个项目的比重及其变化情况。当企业的利润比例较大时，表示企业正常的主要的生产经营活动进展顺利，企业盈利将比较稳定。在分析利润总额构成比例时，要重点分析主营业务利润的构成情况，分析各主要商品、产品或主要业务的收入、成本和盈利水平的变化情况。做到既适合市场需要，多销售那些适销对路的商品或劳务，又考虑企业各主要商品或劳务的盈利水平，扩大高盈利的商品或劳务的供应量。

利润控制一方面表现为资金控制、成本控制和销售收入控制的结果，另一方面它又为其他财务控制规定了基本目标。从这个意义上说，利润控制是其他各项财务控制的前提。从实施利润控制的主要责任单位看，如果是企业的生产部门和车间，目标利润要分解到生产部门和车间，并建立相应的责任制。各企业要从自己的生产经营特点和现有管理水平的实际出发，采取适合自身特点的利润控制方式，这样才能使利润控制收到好的效果。

第五章　企业财务成本控制技术分析

第一节　变动成本法与完全成本法

一、变动成本法的计算

采用变动成本计算法计算产品成本是适应生产经营规划决策的一大改革，有利于进一步挖掘企业的生产潜力，使企业获取更多的经济效益。变动成本计算法又称为直接成本计算法。它在计算产品生产成本时，只计入产品的直接材料、直接人工和变动性制造费用，而对于与产品生产量无关的固定制造费用则作为期间成本在当期全部计入，这种方法称为变动成本计算法。

（一）变动成本法的含义

变动成本法在计算产品成本时，只包括产品生产过程消耗的直接材料、直接人工和变动性制造费用，而不包括固定成本。变动成本法的产生源于随着企业经营环境的改变，竞争的加剧，人们意识到传统的成本计算越来越难以满足企业内部管理的需要。变动成本计算是指在组织常规的产品成本计算过程中，以成本性态分析为前提，将变动生产成本作为产品成本的构成内容，而将固定生产成本及非生产成本作为期间成本，按贡献式损益确定程序计量损益的一种成本计算模式。

变动成本计算产生以后，人们就把传统的成本计算模式称为完全成本计算。

即在产品成本计算时，把直接材料、直接工资、变动性制造费用与固定性制造费用全部计入产品成本和存货成本，期间成本只包括非生产成本。由于将固定性制造费用也计入产品成本和存货成本，与完全成本计算相比，变动成本计算有以下主要特征，即以成本性态分析为前提。

（二）变动成本计算法的作用

1. 它能提供每种产品的盈利能力资料。每种产品的盈利能力资料，是管理会计要提供的重要管理信息之一。因为利润的规划和经营管理中许多重要的决策，都要以每种产品的盈利能力作为考虑的重要依据。而每种产品的盈利能力可通过其"贡献毛益"来综合表现。所谓"贡献毛益"，是指产品的销售收入扣减其变动成本之后的余额。所以，各种产品的贡献毛益正是其盈利能力的表现，也是它对企业最终利润所作贡献大小的重要标志。而产品贡献的确定，又有赖于变动成本的计算。

2. 可为正确地制定经营决策以及进行成本的计划和控制，提供许多有价值的资料。以贡献毛益分析为基础，进行盈亏临界点和本量利分析，有助于揭示产量与成本变动的内在规律，找出生产、销售、成本与利润之间的依存关系，并用于预测前景、规划未来（如规划目标成本、目标利润及编制弹性预算等）。同时，这些资料也有利于正确地制定短期经营决策。因为就短期而言，企业现有的生产能力一旦形成，在短期内很难改变。

3.变动成本计算便于和标准成本、弹性预算和责任会计等直接结合，在计划和日常控制的各个环节发挥重要作用。变动成本与固定成本具有不同的成本性态，对于变动成本可通过制定标准成本和建立弹性预算进行日常控制。在一般情况下，变动成本的高低，可反映出生产部门与供应部门的工作业绩，完成得好坏应由它们负责。

变动成本计算区别于完全成本计算，将固定性制造费用作为期间成本来处理，是基于以下理由：产品成本应该只包括变动生产成本。管理会计中，产品成本应是随产品实体的流转而流转，只有当产品销售出去时才能与相关收入实现配比，得以补偿的成本按照变动成本计算的解释，产品成本必然与产品产量密切相关，在生产工艺没有发生实质性变化，成本消耗水平不变的情况下，发生的产品成本总额应当随着完成的产品产量成正比例变动。在管理会计中，期间成本是指那些不随产品实体的流转而流转，而是随企业生产经营持续期间长短而增减，其效益随着时间的推移而消逝，不能递延到下一期，只能于发生的当期计入损益表，由当期收入补偿的成本。与完全成本计算不同的是，变动成本计算下的产品成本不包含固定性制造费用，而是将其作为期间成本，直接计入当期损益。因为固定性制造费用主要是为企业提供一定的生产经营条件而发生的，这些条件一经形成，无论其实际利用程度如何，有关费用都照样发生。因此，固定性制造费用应当与非生产成本同样作为期间成本来处理。

二、两种成本计算的比较

变动成本法能为企业提供边际贡献及变动成本等诸多的用于企业内部决

策和控制的信息资料。两者大致有以下几方面的区别：应用的前提条件不同，产品成本及期间成本的构成内容不同，销货成本及存货成本的水平不同，销货成本的计算公式不完全相同，损益计算程序不同，提供信息用途不同。

（一）应用的前提不同

完全成本计算把全部成本按其经济用途分为生产成本和非生产成本。凡在生产环节为生产产品发生的成本就归属于生产成本，最终计入产品成本；发生在流通领域和服务领域由于组织日常销售或进行日常行政管理而发生的成本则归属于非生产成本，作为期间成本处理。变动成本计算是以成本性态分析为基础，将全部成本划分为变动成本和固定成本两大部分。两种成本计算对固定性制造费用的处理是不同的，仅把销售费用及管理费用等非生产成本作为期间成本处理。

（二）成本的比较

在变动成本计算中，固定性制造费用被作为期间成本直接计入损益表，无须再转化为销货成本和存货成本，销货成本和存货成本中只包括变动生产成本。采用完全成本计算时，将全部生产成本在已销产品和存货（库存产成品和在产品）之间进行分配，从而使一部分固定性制造费用被期末存货吸收并递延到下一会计期间，另一部分则作为销货成本的一部分被计入当期损益。

（三）损益确定程序上的比较

完全成本计算以成本按经济用途分类为前提，首先用销售收入扣减已销产品的销货成本，计算出销售毛利，其次用销售毛利减去非生产成本，从而确定出营业净利润。变动成本计算以成本性态分类为前提，销售收入首先用来补偿变动成本，计算出边际贡献，然后再用以补偿固定成本，从而确定出营业净利润，我们将其称为"贡献式"损益确定程序。

三、变动成本法的特点

（一）变动成本计算的优点

1. 能提供有效的管理信息，强化企业的经营管理。变动成本计算所提供的变动生产成本和边际贡献资料，对企业的经营管理最为有用。因为它们揭示了业务量与成本变化的内在规律，找出了生产、销售、成本和利润之间的依存关系，提供了各种产品盈利能力等重要信息。

2. 促使管理当局重视销售环节，防止盲目生产。采用变动成本计算，不但可以排除产量变动对单位产品成本的影响，同样也便于分析企业的利润指标。

3. 可以简化产品成本计算。采用变动成本计算，把固定性制造费用列作期间成本，从边际贡献中扣除，这样就使产品成本计算中的费用分摊工作大大简化，且可以减少成本计算中的主观随意性。

4. 变动成本计算是将生产成本按成本性态分为变动成本和固定成本。变动成本包括直接材料、直接人工和随产量成正比例变动的那部分制造费用，计算损益时，将它们按销售量的比例计算，把已销产品的变动生产成本作为当期费用同当期收入配比；而将未销售的产品成本转作存货成本以便与未来预期获得的收入相配比。而固定生产成本，即固定性制造费用，它同产品生产没有直接联系，是为保持生产能力并使它处于准备状态而引起的。

5.便于分清各部门的经济责任，有利于进行成本控制与业绩评价。变动成本计算是以成本性态分析为基础，它所提供的成本资料，对于加强成本控制和科学地进行成本分析有以下几个方面的优越性：①可以把由产量变动所引起的成本升降，同由于成本控制工作的好坏而造成的成本升降清楚地区分开来。成本升降的原因很多，为了正确地考核生产部门和供应部门的业绩，可以通过应用变动成本计算。②便于成本责任的归属和业绩评价。

（二）变动成本计算的局限性

1.采用变动成本计算时会影响有关方面的利益。由完全成本计算改为变动成本计算时，一般要降低期末存货的计价，因而也就会减少企业当期的利润，从而会暂时减少国家的税收收入和投资者的股利收益，影响有关方面及时取得收益。

2.变动成本计算不能适应长期决策的需要。长期决策要解决的是提高或降低生产能力，以及扩大或缩小经营规模的问题。

3.变动成本计算不符合传统的成本概念的要求。有人认为成本是为了达到一个特定的目的而发生或可能发生的以货币计量的牺牲。

4.变动成本计算不便于定价决策。在进行产品定价决策时，既应考虑变动成本，也应考虑固定成本，它们都应该得到补偿。但由于变动成本计算所确定的产品成本只包括变动生产成本，不包括固定性制造费用，使产品成本不能反映产品生产的全部消耗，因此不能直接据以进行定价决策。

四、完全成本计算的特点

完全成本计算是在事后将间接成本分配给各产品，反映了生产产品发生的全部耗费，以此确定产品实际成本和损益，满足对外提供报表的需要。由于它提供的成本信息可以揭示外界公认的成本与产品在质的方面的归属关系，有助于扩大生产，能刺激生产者的积极性，因而广泛地被外界接受。在完全成本计算下，只要增加产量，产品成本就可以降低。第二次世界大战后，西方企业迅速增加固定资产投资规模，使固定生产成本在产品成本中的比重大大提高；而提高产量，就降低了单位产品负担的固定成本，从而使产品成本降低。

完全成本计算的缺点有以下几点：

1.完全成本计算下的单位产品成本不仅不能反映生产部门的真实业绩，而且也会掩盖或扩大其生产实绩。

2.采用完全成本计算所确定的分期损益，其结果往往难以为管理部门所理解，甚至会鼓励企业片面追求产量，盲目生产，造成积压和浪费。有时尽管每年的销售量、销售单价、成本消耗水平等均无变动，但只要产量不同，其单位产品成本和分期营业净利润就会有很大差别，这是令人费解的。有时销售量尽管远远超过往年，销售单价和成本消耗水平等均无变动，但只要期末存货比往年减少，就会出现营业净利润较往年减少的情况，这也让管理部门难以理解。

3.采用完全成本计算，由于销售成本未按成本性态将变动成本和固定成本分开，因而在预测分析、决策分析和编制弹性预算时就很不方便。对于固定性制造费用，往往需要经过繁复的分配手续，而且受会计主管人员的主观判断的影响。完全成本计算是依据公认的会计原则来汇集企业在一定期间所发生的生产费用，并据以计算和确定产品成本和分期损益。它主要适用于财务会计系统，用于编制对外财务报告。而变动成本计算是为了满足企业内部经营管理的需要，对成本进行事前规划和日常控制而产生的，它主要适用于管理系统，用来编制对内管理报告，为决策提供有用的信息。同时也没有必要花费时间和金钱按双轨制原则，另搞一套与完全成本计算平行的按变动成本计算组织的账外账。比较现实可行的办法是按照单轨制的原则，将两种成本计算结合起来，即在日常按变动成本计算组织核算，随时提供能够满足企业内部需要的管理信息。然后定期将变动成本计算确定的成本与利润信息调整为按完全成本计算模式反映的信息资料，以满足企业外部信息利用者的需要。

第二节　分批法与分步法

一、分批成本法

（一）分批法

以产品生产的批别或者客户的订单作为成本计算对象，并据以归集生产费用，计算各个批别产品的总成本以及单位成本的一种成本计算方法，又称为成本计算订单法。这种方法适用于单件小批量、多品种以产品生产的批别或者客户的订单作为成本计算对象，并据以归集生产费用，计算各个批别产品的总成本以及单位成本的一种成本计算方法，又称为成本计算订单法的生产类型。

在这一方法下，成本对象（或批别）的确定有两种方法，一种是根据客户的订单直接分批组织生产，另一种是依据客户的订单并结合企业生产经营的具体情况，按照企业内部订单分批组织生产。

（二）适用范围

这种方法适用于小批生产和单件生产，例如精密仪器、专用设备、重型机械和船舶的制造、某些特殊或精密铸件的熔铸、新产品的试制和机器设备的修理，以及辅助生产的工具模具制造等。每件产品或服务所要求的操作不同，确定一件产品或服务的成本的最佳方法是按产品或批次归集成本。

实际工作中，还采用一种按产品所用零件的批别计算成本的零件分批法。先按零件生产的批别计算各批零件的成本，然后按照各批产品所消耗各种零件的成本，加上装配成本，计算各批产品的成本。但是这种方法的计算工作量较大，因而只能在自制零件不多或成本计算工作已经实现电算化的情况下才采用。

（三）分批法的战略作用

分批成本法为管理者提供信息，以使管理者能够在产品和顾客、制造方法、价格决策及其他长期问题上进行战略选择，分批成本信息对企业具有战略重要性，原因有四：

（1）企业是通过使用成本领先或产品差异战略来进行竞争的，如果企业采取成本领先战略，而间接费用又十分复杂,则传统的数量型分批成本法（比分步成本法和作业成本法都简单）不能提供很多帮助。

（2）有关分批成本法的重要战略问题和潜在伦理问题，涉及企业有关分配间接费用和摊派多分配或少分配间接费用的决策。

（3）分批成本法适合服务企业，特别是专业服务企业。追溯直接成本不是主要问题，分配间接费用也不复杂困难。

（4）分批成本单可通过四个方面来扩展成战略平衡计分卡，这四个方面是：财务、顾客、内部经营过程、学习与成长。

二、分批成本法的计算过程

（一）分批成本计算单

分批成本系统中最基本的支持文件是分批成本计算单。一份分批成本计算单记录和汇总了某一特定工作的直接材料、直接人工和工厂间接费用。

当一项工作的制造或加工开始时，分批成本计算单就开始启动。分批成本计算单为所有的成本项目及管理者选择的其他详细数据提供了记录空间，它伴随着产品一起经过各个加工流程，并记录下所有的成本。

分批成本计算单上记录的所有成本都包含在产品控制账户中。在产品控制账户的次级账户是由工作成本单组成的，而这些分批成本计算单包括处理这批工作的当期之内或之前发生的制造成本。

因为每一项工作都有独立的分批成本计算单，一项已经开始尚未结束工作的成本单代表了在产品存货控制账户的明细分类账。当一项工作完成后，相应的成本单被归拢在代表已完工产品成本的一组成本计算单中。

（二）分批法的步骤及程序

在开始生产时，会计部门应根据每一份订单或每一批产品生产通知单（内部订单），开设一张成本明细账（产品成本计算单）。月终根据费用的原始凭证编制材料、工资等分配表，结算各辅助生产的成本，编制辅助生产费用分配表，加结各车间的制造费用和管理部门的管理费用明细账，算出总数，按照规定的分析方法，分别计入各有关的成本明细账。月终各车间要将各订单在本车间发生的费用抄送会计部门进行核对。当某订单、生产通知单或某批产品完工、检验合格后，应由车间填制完工通知单。会计部门收到车间送来的完工通知单，要检查该成本明细账及有关凭证，检查无误后，把成本明细账上已归集的成本费用加计总数，扣除退库的材料、半成品以及废料价值，得到产成品的实际总成本，除以完工数量就是产成品的单位成本。月末完工订单的成本明细账所归集的成本费用就是产品成本。

三、简化分批法

为了避免任务繁重，因此在投产批数繁多而且月末未完工批数较多的企业中，还采用着一种简化的分批法，也就是不分批计算在产品成本分批法。

（一）简化分批法

简化分批法也称为间接计入费用分配法。这种方法与前述一般的分批法不同之处在于：各批产品之间分配间接计入费用的工作以及完工产品与月末在产品之间分配费用的工作，即生产费用的横向分配工作和纵向分配工作，是利用累计间接计入费用分配率，到产品完工时合并在一起进行的。

（二）特点

采用这种分批法，每月发生的各项间接计入费用，不是按月在各批产品之间进行分配，而是将这些间接计入费用先分别累计起来，到产品完工时，按照完工产品累计生产工时的比例，在各批完工产品之间再进行分配。其计算公式如下：

1. 全部产品某项累计

间接计入费用分配率=全部产品该项累计间接计入费用+全部产品累计生产工时

2. 某批完工产品应负担的该批完工产品全部产品该项累计

$$某项间接计入费用=累计生产工时 \times 分配率$$

（三）优缺点及适用条件

由于生产费用的横向分配工作和纵向分配工作，利用累计间接计入费用分配率，到产品完工时合并一次完成，因而大大简化了生产费用的分配和计入工作。月末完工产品的批数越多，核算工作就越简化。

这种方法只适用于在各月间接计入费用的水平相差不多的情况下采用，否则就会影响各月产品成本的正确性。如果月末完工产品的批数不多，也不宜采用这种方法。

第三节　标准成本控制管理

一、标准成本法界说

所谓标准成本法，就是以企业预定的标准成本为基础，根据经营目标和长远发展规划，通过一系列核算、分析和比较，实现对实际成本的监控，并进而对实际成本进行考核，以加强对成本的控制和对经济效益的评价，其中所有管理的行为和活动即标准成本法。简单来说，标准成本法就是借助核算来实现对企业的高效管理，进而获取更多的经济效益。这个过程是动态的，是对企业经营活动成本的动态、实时控制，事前预测、过程把控、事后评价等，都属于标准成本法，因而它涉及企业的方方面面、角角落落，贯穿企业的一切行为，以从成本方面实现对资源的有效控制，提升企业经济效益。

二、标准成本法应用于企业成本管理的优势

（一）使企业成本控制有标准可依

当前已有越来越多的企业管理者相当重视成本管理，这当然是为了实现企业的长远发展战略。实际成本法已被很多企业采用，这是由于它的可操作性强。但是，实际成本法的理论依据不足，科学程度不够。随着经济的深化发展和行业竞争的日趋激烈，标准成本方案的制订，需要考虑的因素有很多：企业正常运转所需的直接材料和人工，预期直接材料和人工，以及各种需要分摊的制造费用，等等。一个完善的标准成本方案，要联合会计、计划、销售、采购等多个部门，并通过部门的通力合作来制订、完成。所以，标准成本法由于立足企业实际，因而其科学性较强，能实现成本的精细化和有效化，因此企业的整体管理水平必然能迈上一个新的台阶。

（二）使企业成本核算有捷径可走

实际上，有一些措施和方法可使企业成本核算简化，就拿采购来说，当

物料需求部门提出 BOM（Bill of Material）物料清单，那么采购部门即可按需求进行采购，一旦材料入库，即可根据成本核算实际成本法，这就使得采购这项工作的成本核算非常简单、快速。另外，标准成本法在具体使用时，可将标准成本以及成本差值后独立设置在一个栏目中，因此其内容可直接按照标准成本予以记录，这样就不需要等到成本费用确定后再做会计报表，财务部门的工作量就会大幅减少。

（三）使企业绩效考核有工具可用

一旦标准成本制定了，即可通过成本分析会议，定期分析实际成本和标准成本两者之间的差距，通过拆解相关因素，及时发现变化发生的原因，并予以考核，进而根据责任的程度予以相应的奖惩。拿采购来说，如果采购出现差价，该部门应及时分析产生这种现象的原因，并提出相应的整改措施。标准成本法使得企业管理者可根据成本指标，有效达成对每个部门的绩效考核，因而成本指标的设定，与每个部门、每位员工的绩效密切结合起来，从而激发员工的工作积极性。另外，标准成本法能够有效提高成本核算的客观性，使企业管理者的决策更加科学，并及时调整决策的漏洞和不足，实现企业的稳步、快速发展。

三、标准成本法在企业成本管理中应用的路径

（一）使全体工作者形成科学的标准成本理念

成本管理需要企业全体员工的参与，要提升每位员工的成本意识，并非仅仅管理者或者财务部门才能做。要做到这一点，必须细化标准成本，实行

责任到人，另外还要明确奖惩措施，在企业全体员工中强化标准成本观念，提升其对标准成本的认知，激发其参与成本管控的积极性和主动性，将成本管控真正落到实处，从而确保成本管控工作的高效运行。

（二）建立健全标准成本的执行制度

在具体执行标准成本制度时应遵循循序渐进原则。虽然这个制度在某一个时期是固定的，但是必须随着企业的发展变化而变化。因而，标准成本的具体执行制度的制定，应遵照如下几个原则：（1）标准成本制度必须确保企业的管理能逐步完善。科学的单位消耗和合理的单位价格，是标准成本所需遵循的根本原则。因此，在制定标准成本时应充分参考有关资料，而资料获取的过程，必然有效提升企业基础管理工作水平。（2）组建高效的管理组织。管理人员的水平和组织工作是否高效，都将决定着标准成本的执行程度。一般来说，管理标准成本的组织可与预算组织有效地结合起来，即财务部门作为牵头人，与其他相关部门联合工作，专业技术人员予以充分配合，从而使标准成本的管理组织更加成熟、完善，以确保标准成本法的贯彻实施。（3）建立保障机制，确保标准成本得以有效执行。建立适当的保障机制，以及时解决标准成本执行中所遇到的负向因素，并使正向因素得以强化，从而提升成本管理的水平和质量，推进企业整体管理水平的提高。

（三）强化标准成本目标和制度的执行力度

标准成本作为企业的成本支出标准，其制定依据是企业的现有生产能力，前提是企业的正常运营不受影响，其制定过程必须经过详尽的资料研究和分析，标准成本可实现对实际成本的有效评估和考核。标准成本法具有事前定计划、事中控制、事后分析这三个环节和特点，并且这三个环节必须高效衔接、充分融合。当前，标准成本法已成为国际通用的成本管理方法。标准成本法一旦能得到贯彻落实，那么企业必然能将成本预算、过程控制和成本分析予以有机结合，在降低成本开支的同时，提升企业的管理水平，提高企业的经济效益。

（四）坚持科学分配、循序渐进的原则

标准成本法的执行，必须贯彻统一规划、分工合作这两个原则，由企业内部各个部门相互协作，共同完成。标准成本的基本计算方法为用量标准乘价格标准，其中用量标准通常由制造工程技术部门经过分析所制定，制造部门负责提供精确的单位产品标准工时；而价格标准则需由采购部门与财务部门协商材料采购价格，人力部门与制造部门统计单位工资率，财务部门详细划定单位变动制造费用分配率以及单位固定制造费用分配率。标准成本的制定应立足企业实际，并采取有效措施提升全体员工的积极性，使其全部参与成本管理、控制工作中，清除一切不利于标准成本执行的因素，从而提高标准成本的执行质量。

（五）借助 ERP(Enterprise Resource Planning) 强化标准成本的整合

成本费用由于涉及面广，信息量巨大，因而难以实现人工计算和核对。然而，企业一旦引进标准成本法，所有成本和成本差异都予以记录，这样企业在计算期末成本时所需耗费的人工量和时间必然大幅减少，财务管理工作相应简化。另外，将标准成本法应用于企业管理，各项数据的获得可通过财

务、库存和人力资源等各个系统，并且系统在获取数据后可独立完成成本核算，进而自动做出相应的报表，这就避免了人工制作报表的压力，减少了这方面所消耗的时间，更重要的是，由于数据均出自一个渠道，因而数据的准确性必然有保障，这绝对是一举多得、一本万利的事。此外，还需设立相应的监督机制，加强对成本和时间消耗的监督，提升企业的成本管理水平。

第四节　目标成本管理

对于现代企业来说，借助于目标成本管理，实现对企业经营成本的有效把控，从而为企业各项工作的开展提供必要的支持，实现企业的可持续发展。受到全球经济一体化发展趋势的影响，企业间的竞争也从单一化向多元化方向发展，这就使目标成本管理的应用重要性凸显。企业在开展经济管理时，只有重视和科学应用目标成本管理，才能扬长避短，发挥自身优势，为创造更好的经济效益奠定基础。

一、目标成本管理的概述

（一）基本内涵

为了明确发展方向和应对市场风险，企业需要立足于自身实际情况制定短、中、长期的发展目标，以确保各项经济活动的有序开展，并计算出未来一段时间内各项计划开展所需要的成本。企业为了完成发展目标或达到经济管理目的而采用的一系列管理措施，即目标成本管理。

（二）主要作用

企业在科学应用目标成本管理对经济进行管控时，需要对运行成本进行分析、估算、反馈、考量和精细化控制，形成经济管理的战略纲要和框架，并进行深化管控，提高企业生产效能，降低企业资源浪费，实现节能、环保、提效和促进发展的目的，增强企业职工幸福度，为战略目标的实现提供支撑。因此，目标成本管理在企业运作过程中的作用不言而喻。

二、目标成本管理的内容

（一）人力资源成本管理

人力资源成本管理是企业经济管理中的重要组成内容，具体包括人员薪资、培训费用，以及各种福利待遇等。人力资源成本管理贯穿于企业管理的各个环节中，企业只有拥有一支专业能力强、综合素质高的人才队伍，才能确保企业各项经营活动高质量、高效率地开展。因此，在人力资源方面的成本管理可以满足职工的个人发展需要，提高生产效率。

（二）产品材料成本管理

企业各项活动的开展，需要耗费大量的原材料，做好原材料的成本管理，能够帮助企业从源头上节省大量的资金，这也是现代企业经济管理中的重要内容。在实施成本管理时，需要重点注意以下几个方面的内容：一是要保证产品原材料的质量达标，避免盲目追求成本控制而采购劣质材料。二是要科学规划，确保所有原材料都能够物尽其用，避免出现材料不足影响正常工作开展，又要防止出现材料浪费。三是尽量选用节能和可循环利用的材料。

（三）生产设备成本管理

生产设备的成本管理主要涉及设备本身的采购成本、运输和安装成本，以及后期设备使用过程中的维修养护费用等。对于一些工业制造和产品生产类企业，会需要大量设备，占用企业相当一部分比例的资产，成本管理工作尤其重要。在实施目标成本管理时，相关人员要做好相应的设备管理记录，并且根据实际需要制定可行性的目标成本管理策略，通过开展必要的设备维护工作，提高设备运行效率和使用寿命，保证企业生产的持续开展。

三、目标成本管理在企业经济活动中的应用优势

结合实际经验，目标成本管理的优越性主要体现在：首先，以市场需求作为目标规划的主要参考，根据市场变化及时调整目标成本管理策略，有效降低了企业发展中面临的市场风险，并且为企业管理者制订正确的发展规划提供了可行性依据。其次，具有较强的目标针对性。在企业各项经济管理中，目标成本管理能够针对企业发展需要来确定成本管理的关键点，实现不同经济活动的区别对待，为开展专业化的成本管理提供了便利条件。最后，实现了全面成本管理。在企业生产经营活动的各个环节中，贯彻落实目标成本管理，从各个基础环节上压缩成本支出，全面维护企业经济利润。

四、目标成本在企业经济管理中的应用策略

（一）目标成本预测

合理利用资源，实现有限资源价值的最大化利用是企业赖以生存和发展

的必要条件。尤其是对于一些规模较小的企业，本身所占有的市场资源相对有限，只有将资源合理利用，才能切实提高企业经济效益。成本的预测方式主要分为两类：第一类是目标成本预测，主要是利用目标产品的预期销售数量和市场价格来确定企业经营利润，从而完成成本管理。第二类是利润成本预测，需要先评估出企业在一定时期内的销售收入和目标利润，除去应缴纳的税款后，再计算出目标成本。

（二）目标成本分解与落实

在确定目标成本之后，需要将其细分至各个生产部门，成为各生产部门的目标成本来予以控制管理，这一过程叫作目标成本的分解与落实。此过程中，能够将责任进行细分并落实到个人头上，使得目标成本管理有的放矢。其分解方式如下：

（1）根据企业生产的各个环节特点进行目标成本的细分，从而使得各个环节均独立控制自己的目标成本。

（2）从宏观上进行按机构分解。如按总厂、分厂、车间、班组、个人等作为分解的单位来形成不同岗位不同人员的目标成本，并进行责任的落实，使得每个人、每个部门和机构都有自己的业绩指标指导工作。

现代企业在发展过程中，对经济管理的重视程度不断提高。而采用何种管理形式，则成为衡量企业管理水平的关键性因素。目标成本管理经过实践运用表现出较好的应用优势，企业应当协调好各个部门之间的信息沟通，建立相应的管理制度，确保目标成本管理得到贯彻和落实。

第五节　责任成本管理

一、责任成本管理的概述

所谓责任成本，是指特定的责任中心（如某一部门、单位或个人）在其所承担的责任范围内所发生的各种耗费。从实质上说，责任成本管理是指保证工期、安全、质量的前提下，完成一项任务所消耗的最低支出的总额（责任成本包括成本、费用、营业外支出等各项支出），将其按照可控原则划分若干细项，进而确定成本费用发生的单位或个人，并以合同的方式建立责任成本核算体系，将各单位或个人的成本金额与其工资奖金等收益挂钩的成本管理方法。它是企业管理的一个重要组成部分，是降低成本，提高经济效益，增强企业市场竞争力，保持企业持续、稳定、健康发展的一种管理方法。

二、市场经济促使企业必须实行责任成本管理

（一）加强成本控制，才能不断增强企业的竞争力

随着市场经济体制的不断深入和发展，激烈的竞争已全面深入各个经济领域，这种竞争主要表现为价格的竞争。企业只有充分挖掘内部潜力，加强成本控制，防止资源浪费，才能不断增强企业的竞争力。

（二）实行责任成本核算是创造效益的重要手段

市场竞争日趋激烈，技术层面上的差距越来越小，这导致商品价格日趋

接近。优势企业不再存在价格上的获利空间，整个行业利润逐年降低，迫使企业必须加强成本管理，走向成本管理要效益的道路，实行责任成本核算就是创造效益的重要手段。

（三）突出责任观念，全面实行责任成本管理，使企业增加积累

不少企业以往的经营管理和经济核算，对企业生产经营活动的成本控制收效不大，不能适应市场激烈竞争的需要，这就要求企业必须改变传统的管理办法，引入责任成本管理理念，突出责任观念，全面实行责任成本管理。只有这样，才能促使企业取得最佳经济效益，不断增加经济积累，增强竞争能力，才能在竞争日益激烈的市场中站稳脚跟，逐渐发展壮大。

三、强化责任成本管理的手段

（一）转变观念，增强成本意识

思想是行动的先导，应牢固树立"企业管理以财务管理为中心，财务管理以成本管理为中心"，以及集约经营、精耕细作和挖潜增效的经营观念，努力在企业内部营造出整体重视、全员参与、生产全过程控制成本费用的良好氛围。在生产实际工作中，为抓好成本控制，首先从制度入手，制定便于在管理中实施、可操作性强、有针对性的管理制度。

（二）建立健全责任成本管理体系

根据企业组织生产经营管理的特点，建立责任成本管理体制，明确职责和权限，全面推行责任成本管理。责任成本监管层负责建立以体制、机制和操作模式为主要内容的责任成本管理体系，负责企业责任成本管理办法和其

他相关措施的制定，有计划地对责任成本管理工作的开展情况进行检查指导。责任成本的管理控制层，审批下达生产经营责任预算，确定、核定岗位工资总额，审批效益工资总额。责任预算的执行层负责落实责任预算。对各责任中心实施考核兑现，在确保完成生产经营活动的同时，通过降低成本来提高职工收入。

四、企业实施责任成本管理的措施

（一）建立责任中心

按照责任成本的管理层次，确定一个职能部门为责任中心（责任中心可划分为成本中心、利润中心和投资中心），再根据各责任中心对成本的控制能力，确定控制成本的范围，明确责任成本控制的目标，最终保证每项成本指标都至少有一个责任中心进行控制。

（二）建立内部结算制度

内部结算是指在企业内部模拟银行结算方式，对各责任单位的经济事项运用货币形式进行交换的管理方式。建立这种制度的目的，是为企业内部各责任中心之间转移产品或劳务确定合理的内部价格，为各责任中心考核提供依据。建立内部结算制度的关键是制定内部结算价格和选择内部结算方式。而选择内部结算方式的原则是既要满足往来结算需要又要简化结算手续。

（三）编制责任预算

责任预算是企业总预算在各个责任中心进行合理划分而编制的预算。作为责任会计的重要环节，责任预算具有重要作用。它是控制企业及各责任单位活动的标准，是考评各责任单位业绩的依据，也是提高企业管理水平的手段。责任预算的编制分为三个步骤：一是编制整个企业利润、成本、资金和相关指标的预算或计划。二是将企业预算分解到各责任单位。三是调整责任单位的责任指标，落实责任预算。

（四）进行责任控制

责任控制是责任会计的重要内容之一，是以各责任单位的责任指标为基础，以责任预算为依据，对生产经营过程中的收入、成本、利润、资金预算执行情况进行控制。各责任中心应实行自上而下的控制，各责任中心也应加强自我控制。

（五）实施责任成本核算

财务部门按照核算程序，将责任中心所发生的成本费用，及时归集和汇总，并与责任成本预算比较，计算盈亏、编制财务报告和责任成本执行情况的分析。其核算模式在实务中有以下三类协调方法：一是用会计方法计算产品成本，用统计方法计量责任成本。二是"双轨制"，即采用一套凭证系统核算产品成本，再组织一套独立的核算体系专门核算责任成本。三是"单轨制"，即将责任成本和产品成本放在同一套核算体系，把责任成本的核算融进产品成本计算过程。

（六）进行责任考核

可以根据责任中心的业绩报告，分析与其责任预算的差异，并查明原因，实行奖惩。通过评价和考核，可以总结成功的经验，查找存在的缺点，为下一期预算编制提供参考资料。责任成本考核应公正合理，不但能激励各责任中心的积极性，也能通过适当的惩罚约束和控制不当行为，以实现责任中心权责利的统一。

为准确掌握责任单位完成责任指标情况，这就需要企业建立内审机构和内审制度，定期对责任单位进行财务审计、效益审计及责任执行审计，从而为考核、奖惩提供相关依据。

责任成本管理是一项全员、全方位、全过程的企业管理活动，它的工作结果直接通过各项经济指标反映，最终影响到企业的经济利益和经营成果。在此基础上，随着信息技术的发展，信息技术支持已逐渐成为责任成本能否实现正确流动的基本保障。责任成本管理的信息支持系统应该覆盖企业业务流程的每一个作业单元，以使全部的成本信息传递到每一个相应环节，从而保证管理需要。

第六节 企业财务管理中的成本控制工作分析

在当前的大环境下，企业的内部控制必须与企业的发展同步，以保证企业的健康发展。企业财务内部控制的关键在于提高企业的预算管理水平，强化日常的内部控制。然而，在实际工作的实施中，企业还存在着许多问题和巨大的风险，如资源的使用不合理、资源浪费等。如果不能有效地进行成本控制或提高产品的质量，很可能会导致企业的财务发生状况，从而影响企业的正常运营，导致市场的竞争力下降。因此，企业应主动进行成本控制，正确地预测财务资金的具体收支走向，对企业的风险进行科学的评价，从而提高企业的整体经营收益，减少成本消耗，实现平稳较快发展。

一、企业财务管理与成本控制的关系

当前，财务管理与成本控制已成为企业经营活动的重要组成部分。成本管理包括成本预算、成本分析和成本规划。如果把财务管理与成本控制相结合，就能使企业取得更大的经济效益。换句话说，成本控制是企业财务管理的扩展，它利用了财务管理中的成本计算与控制的优点，从而能最大限度地降低成本。成本管理涉及材料、产品和人员等相关的方面。只有加强对成本的控制，才能使企业的内部财务管理有效地进行。但是，根据相关的调研，目前很多企业在财务管理中都存在着观念陈旧、规章制度不健全、不能提高企业综合竞争力等问题。

二、企业成本控制的重要意义

（一）有助于提高企业内控管理水平

成本管理贯穿于企业的整个建设中，包括生产成本投入、技术投入、员工工资、市场开拓等方面。如果不注重对成本的控制，就很难对其进行有效的把控，从而对企业的可持续发展造成很大的影响。成本控制是企业经营活动中的一个重要环节，直接影响着企业的企业资产、成本资金、现金流。同时，成本控制也是企业资源优化的重要手段，涉及各个部门的工作。企业要想提高成本控制的质量，就必须加强对内部控制的管理，从内部控制系统的优化，以加强对成本的关注，加强部门间的数据和信息交流，做好信息的协调和监督，从而使企业的预算管理更加完善，有利于企业成本控制，实现有价值的、实用的成本投资，为企业的科学决策提供依据，提升企业的整体经营能力。

（二）有助于提升企业整体经济效益

在市场经济快速发展、企业竞争日益激烈、员工素质参差不齐、设备更新缓慢、劳动力投入总体费用高等因素的影响下，企业的持续发展受到了极大的限制。通过引进新设备和新技术，可以有效地提高企业的生产效率和水平，大幅度地减少人力成本，减少生产费用。另外，通过对作业、人员、生产成本等方面的信息进行整合，使企业的管理者能够清楚地意识到作业成本不增值，人力成本过高的问题，并主动改变自己的管理观念，创新经营机制，有效地进行成本控制，使企业获得最大的利益。成本控制是一个复杂而又烦琐的过程，具有全员性、全周期性的特点。所以，要把企业的财务管理工作做好，就需要全体职工的积极参与，形成一套完整的企业财务管理体系。企业应推动员工与管理部门之间的交流，建立一个积极、健康的企业文化环境，为企业今后的发展打下良好的基础。

三、企业财务管理中成本控制原则

（一）经济效益原则

企业成本管理是为了提高企业的经济效益，通过对企业的成本和项目成本进行有效的控制，而不影响到企业的正常运营，也可以通过在一定的成本控制下，使企业获得最大的利益。因此，在财务管理方面，企业必须坚持以经济效益为原则，以提高企业的经济效益为导向，进行财务管理和成本控制。成本控制包括事前控制、事中控制和事后控制，其中事前控制是以生产成本为基础的控制；事中控制是指在各种风险问题上采取预防措施，以降低费用开支；事后控制是以经济的增加为基础进行的一种经营活动。随着企业竞争能力的不断提高，成本控制越来越受到重视，因此，企业要从成本控制入手，提高自己的经济效益。

（二）因地制宜原则

在实施成本控制时，为了确保成本控制的针对性，企业必须针对不同的工程项目，制订相应的费用控制计划。在企业发展过程中，如果不能科学地进行成本控制，就很难对成本进行有效的控制，很难实现财务管理的高质量，造成财务管理与费用控制的形式化。另外，由于企业的发展规模差异，使得企业的成本控制难以实现统一。因此，企业必须重视成本管理的差异性，以提高企业的经济效益。因地制宜的经营理念能够增强企业的成本管理价值，是促进企业整体经济发展和稳定发展的重要措施。

（三）权责结合原则

企业的成本控制是企业进行财务管理的重要组成部分，其职业素质直接影响到成本控制的质量。因此，要提高企业的成本控制，必须注重财务人员的工作热情和职业道德。权责统一既能增强财务管理者的工作职责，又能增强其对财务管理成本的控制。另外，为了提高财务经理的工作积极性，企业可以将工作评价体系融入财务成本的控制之中，以加强员工的责任意识，提高员工的工作自觉性，保证工作的质量。

四、企业财务管理中成本控制的现状

（一）成本控制工作缺乏全面性

企业的成本控制包括了显性的成本控制和隐性的成本控制。但是，当前我国大部分的企业财务管理人员都没有关注到隐性成本，这就造成了企业的成本控制工作的缺失。与显性成本相比，隐性成本是一种比较隐秘的行为，它要求雇员花费更多的时间和经验。因此，企业的隐性成本管理工作难以在财务报告中得到直接的体现。企业的成本管理工作较为烦琐。隐性成本包括员工离职成本、企业文化成本、企业信誉成本。这些隐性费用不易体现，但是它与企业消耗的资源却具有一定的相关性，对企业的经济发展有很大的影响。

（二）核算方式不科学，缺少信息化

由于成本会计方法的限制，部分企业所使用的成本核算方法很难反映出企业的成本，从而制约了成本管理的进一步发展。由于无法确保会计费用的科学性，企业的财务管理质量很难得到体现，从而影响了成本控制。有些企业仅统计经营活动所产生的数据，这些工作无法与企业的实际运营状况相适应，难以进行会计核算。在这类成本问题面前，企业采用的会计处理方式常常不统一，很难确保其完整性、专业性，从而影响企业的持续发展。随着信息化的发展，各行各业都在进行工作方式的变革。为实现企业的发展，提高企业的成本管理水平，企业必须把信息化技术和成本管理有机地结合起来，使之符合时代发展的要求。但是，有些企业缺乏对信息会计的思考，没有把

信息技术完全纳入财务的成本控制中，仍是以传统的人工方式进行会计核算，使得会计的效率和质量无法得到保证。部分企业在满足信息化条件下，缺乏高素质的财务管理人才，无法充分利用信息技术进行成本核算，降低了成本控制的质量。因此，企业应注意并采取相应的对策，以解决和规避会计方法的问题。

（三）成本控制体系不完善

建立一个科学、合理的成本管理系统，是实现成本管理的先决条件。然而，有的企业在许多方面都没有建立清晰的成本控制指标和控制体系。有的企业虽然已经做出了一些控制指标，但还不够完善、不够系统化、过于落后。由于市场结构的变动，传统的工作方式和工作程序已不能满足现代企业的需求，所以，企业的成本控制系统就会变得薄弱。我国目前还没有建立起一套完整的内部成本控制体系，这就造成了我国企业在实施成本控制的过程中，尤其是对内部控制工作无法进行有效的监控，使得在成本控制中存在着不精确、预测不准确等问题。此外，过去采用粗放式的成本核算方法所获得的财务数据，不能准确地反映企业的财务状况和发展趋势，更不能动态地了解企业的经营活动，导致成本控制人员无法对当前的问题做出精确的分析，也不能评估企业的真实经营业绩。

（四）风险防范意识薄弱

我国很多企业都存在着风险防范意识薄弱、风险管理体系不健全等问题，这不但会影响到成本控制的整体效果，也会对企业的健康发展产生不利的影响。通过调研发现，当前很多企业的成本控制都是以事中、事后为重点，缺少对其进行风险预测与预防。在网络环境下，企业要在市场中立足，增强自身的适应能力，做好应对风险的准备，增强对风险的抵御能力。但是，很多企业的财务主管并没有充分认识到成本控制工作的重要意义。因此，企业的风险防范意识比较弱，从而影响了成本控制工作的顺利进行。具体来说，财务管理人员忽略了长期计划的目标，仅关注于短期的收益，无法准确地预见企业发展过程中的风险，无法有效地减少企业的经营成本，甚至会使企业的开支增加，违背了成本控制的目的。要改变这一现状，就需要企业加强金融经理的风险意识，使其切实认识到控制风险对企业经营成本的重要作用。只有如此，企业才能在市场上立足，实现可持续发展。

五、企业财务管理中成本控制工作的开展路径

（一）加强成本控制意识

首先，企业高层必须将成本控制放在首位，树立企业的成本意识，加强风险意识，建立成本控制小组，制定完整的成本控制程序及相关制度，并对其进行科学的规划，从而保证各项成本控制工作的实施，切实为企业节省开支。其次，各部门的主管要力求达到成本控制的目的，对部门的成本进行实时的监控，达到对成本的精确控制。最后，企业要激励基层职工积极参与成本控制工作，加强基层职工的成本控制意识，并积极合作，为共同控制成本而奋斗。同时，企业要强化全员的财务管理，使其认识到成本管理在企业的可持续发展中的重要性，重视事前的成本控制，从而增强企业员工的自主性，提高企业的成本管理水平，降低企业发展过程中的风险。同时，企业要强化

成本管理人员的整体素质，强化理论知识，提升专业技能，严格执行内部控制制度，不断掌握新的技术和方法，积极利用各类成本管理软件及统计手段，持续改进工作。

（二）完善成本控制工作体系

建立健全的成本管理工作制度，是企业提高成本管理工作效率的有效途径。在构建成本管理工作系统时，必须从成本管理工作系统入手。规范、严格的工作体系是企业改善工作质量、规范员工工作态度、降低企业成本的重要手段。成本管理的工作内容是多方面的，健全的工作体系，能够加强各个部门的交流，提高信息和资料的及时传递，为企业进行财务成本控制提供真实、准确的数据资料。成本管理工作系统能够对有关工作进行标准化，从而确保工作过程的科学化。在企业的发展中，成本控制的发展与企业经营的各个方面都有关系。健全成本管理工作制度，能有效地推动企业成本管理工作的顺利进行，对推动企业的成本管理工作起到积极的作用。

（三）优化成本控制信息化平台

在现代科技的不断发展中，为了保证成本管理的效果与质量，企业需要大力建立信息化的网上金融平台，并投入大量的人力物力。企业要强化内部成本管理，就必须强化各个职能部门的交流与沟通。在信息化社会中，企业需要构建一个开放的网上沟通平台，为各职能部门的信息交换创造有利的环境。这样，各职能部门之间就可以进行有效的经济、金融方面的交流，财务人员能够快速、全面地掌握各职能部门的资金需要，并迅速做出相应的成本控制，帮助各部门制订一套科学、全面的经济活动方案。同时，企业有了资讯及电子金融平台的强大支撑，可以更好地储存各种经济资讯，使财务人员能随时利用以前所积累的资料进行成本控制。企业通过"成功经验"对已有的工作内容和方式进行改善，以提高成本管理工作的效率。但是，必须指出，企业的成本并不只是整个经济活动的总费用，而是整个经济活动的整个过程。因此，企业经济管理，既要重视预算与成果，又要重视对整个经济活动进行系统的分析与控制。财务人员必须全面地分析和控制企业的各个方面的经济活动，通过这种方式，确保控制过程的合理性、科学性，使得控制效果达到预期的效果。在对企业的各个方面进行严密的监视时，经理和财务人员会注意到一些被忽略的细节，并针对现行的成本控制要求积极地进行调整和改善，既能使成本控制的目标迅速达到，又能使整个成本控制工作的效率得到进一步的提升，推动企业平稳快速发展。

（四）重视对隐性成本的控制

在企业的成本控制中，为了保证企业的经营效益，企业必须对隐性成本进行有效的控制。在财务报告中，隐性费用难以展现，必须把隐性费用转换为显性费用，以达到对隐性费用的有效控制。在具体工作中，企业可以将隐性费用进行归类，采用科学的审计方法进行成本控制，同时，还可以利用内部会议、人员培训等手段，将潜在成本指标的辨识情况通知给企业。只有这样，才能使成本控制工作更加完善，企业要根据自己的实际情况，制定出相应的成本控制措施，使之与企业的发展保持一致。通过建立更加符合企业发展需要的隐性成本控制指标和工作机制，能够有效地控制员工的隐性成本，从而使企业的经济利益最大化。

（五）积极构建内部监督体系

企业在进行成本控制时，要面对自己的经营状况以及所处的市场环境。要想有效地进行成本控制，企业必须建立健全内部监控体系，强化成本管理，把控风险管理，并对具体的成本管理进行全面的监控。同时，企业要想使其发挥作用，必须进一步明确其具体的责任与权利，使其成为一名合格的监督人员。这样，企业才能有效地保证成本管理的顺利进行，避免造成企业的效益损失。同时，企业要建立健全监督管理体系，以保证监督工作的规范性和约束机制。

综上所述，从企业角度来看，其成本控制涉及多个职能部门，这就需要提高企业的内部财务管理水平和质量。在这样的大环境下，企业要切实意识到成本控制在财务管理中的作用，并运用科学、高效的方法，对内部的成本进行严格的控制。同时，企业要根据自身的发展现状和经济发展状况，对重大投资项目进行成本预算的精确分析，对财务风险进行预判，以保证科学、准确地决策，进而提高企业在市场上的竞争力。